Matthias Siekiera

Rechtfertigungsgründe im Strafrecht

Nothilfe, Notwehr und ihre Grenzen

Siekiera, Matthias: Rechtfertigungsgründe im Strafrecht: Nothilfe, Notwehr und ihre Grenzen, Hamburg, Igel Verlag RWS 2017

Buch-ISBN: 978-3-95485-358-8
PDF-eBook-ISBN: 978-3-95485-858-3
Druck/Herstellung: Igel Verlag RWS, Hamburg, 2017

Bibliografische Information der Deutschen Nationalbibliothek:
Die Deutsche Nationalbibliothek verzeichnet diese Publikation in der Deutschen
Nationalbibliografie; detaillierte bibliografische Daten sind im Internet über
http://dnb.d-nb.de abrufbar.

© Igel Verlag RWS, Imprint der Diplomica Verlag GmbH
Hermannstal 119k, 22119 Hamburg
http://www.diplomica.de, Hamburg 2017
Printed in Germany

ABKÜRZUNGSVERZEICHNIS

aA	anderer Ansicht
ABGB	Allgemeines Bürgerliches Gesetzbuch
abl	ablehnend
Abs	Absatz
aF	alte Fassung
aM	anderer Meinung
Anm	Anmerkung
AnwBl	Anwaltsblatt
Art	Artikel
AT	Allgemeiner Teil
AVG	Allgemeines Verwaltungsgesetz
Bd	Band
BGH	Bundesgerichtshof
BT	Besonderer Teil
B-VG	Bundes-Verfassungsgesetz
bzw	beziehungsweise
ca	circa
dh	das heißt
dStGB	deutsches Strafgesetzbuch
EMRK	Die Europäische Menschenrechtskonvention
etc	et cetera
EvBl	Evidenzblatt der Rechtsmittelentscheidungen in Österreichische Juristen-Zeitung
f	folgende(r)
ff	fortfolgende, die folgenden
FS	Festschrift
GA	Goltdammer`s Archiv für Strafrecht
gem	gemäß
GG	Grundgesetz für die Bundesrepublik Deutschland
hL	herrschende Lehre
hm	herrschende Meinung

idF	in der Fassung
idR	in der Regel
idS	in diesem Sinne
ieS	im engen Sinn
iglS	im gleichen Sinne
insb	insbesondere
iS	im Sinne
iSd	im Sinne der
iVm	in Verbindung mit
JBl	Juristische Blätter
Jura	Juristische Ausbildung
JuS	Juristische Schulung
Kap	Kapitel
Komm	Kommentar
leg cit	legis citatae
lit	litera
MDR	Monatsschrift für deutsches Recht
mE	meines Erachtens
Nachbem	Nachbemerkung
NJW	Neue Juristische Wochenschrift
NRSp	Neue Rechtsprechung des Obersten Gerichtshofes
nv	nicht veröffentlicht
OGH	Oberster Gerichtshof
ÖJZ	Österreichische Juristen-Zeitung
PersFrG	Persönliches Freiheitsgesetz
RGSt	Entscheidungen des Reichsgerichts in Strafsachen
Rsp	Rechtsprechung
Rup	Recht und Politik
Rz	Randzahl/-ziffer
S	Satz
sog	sogenannt(-er, -e, es)
SPG	Sicherheitspolizeigesetz
StGB	Strafgesetzbuch
StGG	Staatsgrundgesetz über die allgemeinen Rechte der Staatsbürger

StPO	Strafprozessordnung
str	strittig
SSt	Entscheidungen des Österreichischen Obersten Gerichtshofes in Strafsachen und Disziplinarangelegenheiten
ua	unter anderem
usw	und so weiter
uU	unter Umständen
va	vor allem
vgl	vergleiche
VfGH	Verfassungsgerichtshof
VStG	Verwaltungsstrafgesetz
WaffGG	Waffengebrauchsgesetz
WK	Wiener Kommentar
Z	Zahl, Ziffer
zB	zum Beispiel
ZStW	Zeitschrift für die gesamte Strafrechtswissenschaft
zust	zustimmend

Inhaltsverzeichnis

Abkürzungsverzeichnis

Einleitung

1. Kapitel: Die Rechtfertigungsgründe im Strafrecht 6

1.1. Rechtswidrigkeit.. 6

1.2. Rechtfertigungsgründe 7

  1.2.1. Allgemeines.. 7

  1.2.2. Wesen und Funktion der Rechtfertigungsgründe..................................... 7

    1.2.2.1. Wirkung von Rechtfertigungsgründen... 9

    1.2.2.2. Abgrenzung der Notwehr von anderen Rechtfertigungsgründen......................... 10

      1.2.3. Das Anhalterecht... 10

        1.2.3.1. Allgemeines 10

          1.2.3.1.1. Struktur und Abgrenzung 10

            1.2.3.1.1.1. Anhaltesituation 10

            1.2.3.1.1.2. Anhaltehandlung 12

            1.2.3.1.1.3. Subjektives Rechtfertigungselement......................... 12

          1.2.3.1.2. Verhältnis zur Notwehr 13

      1.2.4. Ausübung von Amts- und Dienstpflichten 13

        1.2.4.1. Allgemeines.. 13

          1.2.4.1.1. Anwendungsfälle 13

          1.2.4.1.1.2. Notwehr bzw Nothilfe gegen Amtshandlungen 14

      1.2.5. Der rechtfertigende Notstand 14

        1.2.5.1. Allgemeines und Verhältnis zur Notwehr 14

          1.2.5.1.1. Struktur und Merkmale... 15

            1.2.5.1.1.1. Notstandssituation... 15

            1.2.5.1.1.2. Notstandshandlung 16

            1.2.5.1.1.3. Subjektives Rechtfertigungselement......................... 16

2. Kapitel: Die Notwehr.. 17

2.1. Gesetzliche Grundlage 17

2.2. Struktur und Merkmale 17

  2.2.1. Notwehrsituation 17

    2.2.1.1. Angriff.. 17

      2.2.1.1.1. Angriff als menschliches Verhalten 18

1

2.2.1.1.2. Unterlassen als Angriff 19

2.2.1.1.3. Rechtswidrigkeit des Angriffs 19

2.2.1.1.4. Schuldfähigkeit des Angreifers 20

2.2.1.2. Zeitliche Schranken der Notwehrsituation 21

2.2.1.3. Notwehrfähige Rechtsgüter 22

2.2.1.3.1. Leben, Gesundheit, körperliche Unversehrtheit 23

2.2.1.3.2. Vermögen 24

2.2.1.3.3. Freiheit 25

2.2.2. Notwehrhandlung 26

2.2.2.1. Verteidigung 26

2.2.2.2. Notwendigkeit 27

2.2.2.2.1. Notwendigkeit zur Abwehr 27

2.2.3. Subjektives Rechtfertigungselement 29

2.3. Schranken der Notwehr 29

2.3.1. Allgemeines 29

2.3.1.1. Schuldunfähige oder wesentlich geminderte schuldunfähige Angriffe 30

2.3.1.2. Notwehrprovokation 30

2.3.4. Notwehrexzess 31

2.3.4.1. Allgemeines 31

2.3.4.2. Entschuldbare Notwehrüberschreitung nach § 3 Abs 2 StGB 32

2.3.4.3. Putativnotwehrexzess 32

2.3.5. Weitere Sonderfragen 33

2.3.5.1. Automatisierte Abwehr 33

2.3.5.2. Fahrlässige Verteidigungshandlungen 33

2.4. Ausschluss der Notwehr 33

2.4.1. Bagatellnotwehr 33

2.4.1.1. Allgemeines 34

2.4.1.1.1. Voraussetzungen 34

2.4.1.1.2. Geringer Nachteil 34

2.4.1.1.3. Offensichtlichkeit 34

2.4.1.1.4. Angemessenheit 35

2.4.2. Art 2 EMRK (Recht auf Leben) 35

3. Kapitel: Die Nothilfe 36

3.1. Die Funktion der Nothilfe 36

3.1.1. Nothilfe als Verteidigung der Rechtsordnung 36

3.1.1.1. Die Begründbarkeit der Verteidigungsbefugnis 38

3.1.1.1.1. Unrechtsargument 39

3.1.1.1.2. Das Gewichtigkeitsargument 39

3.1.2. Nothilfe als Verteidigung der Individualgüter 39

3.1.2.1. Die Begründbarkeit der Verteidigungsbefugnis 40

3.1.2.1.1. Der Selbsterhaltungstrieb 40

3.1.2.1.2. Der Vergeltungstrieb 40

3.1.2.1.3. Das Pflichtenargument 40

3.1.2.1.4. Der Verwirkungsgedanke 41

3.1.2.1.5. Das Prinzip der Vertragsstrafe 41

3.2. Die Gebundenheit der Nothilfe 41

3.2.1. Das Vorliegen eines der Nothilfe entgegenstehenden Willens 41

3.2.2. Die Beachtlichkeit eines entgegenstehenden Willens 43

3.3. Nothilfe und staatliche Gefahrenabwehr 44

3.3.1. Die Konkurrenz privater und staatlicher Abwehrmaßnahmen 44

3.3.2. Die Reichweite der Abwehrbefugnisse 46

3.4. Die Nothilfelage und ihre Unterschiede zur Notwehrsituation 47

3.4.1. Die Staatsnothilfe 47

3.4.2. Die Tierquälerei 48

3.5. Die Nothilfehandlung und ihre Unterschiede zur Notwehrhandlung 49

3.5.1. Eingriffsintensivität 49

3.6. Einschränkungen der Nothilfe 50

3.6.1. Die Zulässigkeit von Nothilfeeinschränkungen 50

3.6.2. Die Begründung von Nothilfeeinschränkungen 51

3.6.2.1. Interne Nothilfeschranken 51

3.6.2.2. Externe Nothilfeschranken 53

3.6.2.2.1. Die Menschenwürdegarantie in Bezug auf die Zulässigkeit der Aussageerzwingung 53

3.6.2.2.2. Die grundrechtlichen Schutzansprüche des Angreifers 54

3.6.2.2.3. Enge persönliche Beziehungen 54

Zusammenfassung

Literaturverzeichnis

Einleitung

Die Nothilfe, dh die notwendige Verteidigung, die ein Dritter zu Gunsten des Angegriffenen ausübt (§ 3 Abs 1 Satz 1 StGB: „von sich oder einem anderen"), ist eine Sonderform der Notwehr und hat daher alle Voraussetzungen des § 3 StGB zu erfüllen.[1] Die Nothilfe wirft einige strafrechtswissenschaftliche Probleme auf:

Für *Roxin* gilt für die Nothilfe grundsätzlich nichts anderes als für die Notwehr ieS, weil im Gesetz die Notwehr mit der Nothilfe gleichstellt wird, indem der Gesetzgeber die Notwehr als die Verteidigung definiert, die „erforderlich ist, um einen gegenwärtigen rechtswidrigen Angriff von sich oder einem anderen abzuwehren." *Roxin* geht daher von der Frage über Grund, Voraussetzungen und Grenzen der Nothilfe von der Notwehrbefugnis aus und parallelisiert die Selbstverteidigung, die ein Zwei-Personen-Verhältnis ist, mit der Fremdverteidigung, welche ein Drei-Personen-Verhältnis darstellt.[2] Für die hM wirft das Drei-Personen-Verhältnis aber eine Vielzahl von Fragen auf, die sich nicht ohne weiteres auf der Grundlage der Notwehr alleine beantworten lassen:

Der Nothelfer ist wie der Verteidiger befugt eine Maßnahme zu ergreifen, die zur sofortigen und sicheren Abwehr eines Angriffs erforderlich ist, ohne dass es dabei auf die Wertigkeit der betroffenen Güter ankommt.[3] Es stellt sich daher die Frage, aus welchem Grund der Nothelfer auf die Belange des Angreifers keine Rücksicht zu nehmen hat?

Des Weiteren stellt sich die strafrechtswissenschaftlich äußerst interessante Frage, wie bei Vorliegen eines Ablehnungswillens, dh der Angegriffene möchte nicht verteidigt werden vorzugehen ist. Darf der Nothelfer die zurückgewiesene Nothilfe aufdrängen oder hat er dem Willen des Angegriffenen Folge zu leisten? Kommt es auf das Motiv der Ablehnung an bzw was sind die Voraussetzungen für einen gültigen Ablehnungswillen?[4] In diesem Zusammenhang drängt sich auch die Frage auf, wie vorzugehen ist, wenn der

---

[1] *Kienapfel/Höpfel*, Strafrecht Allgemeiner Teil[13] (2009) Z 12 Rz 28f.

[2] *Roxin*, Strafrecht Allgemeiner Teil Grundlagen Der Aufbau der Verbrechenslehre I[4] (2005) § 15 J Rz 116.

[3] *Kühl*, Strafrecht Allgemeiner Teil (1994) § 7 Rz 4.

[4] *Engländer*, Grund und Grenzen der Nothilfe (2008) 3.

Angegriffene ein milderes Mittel besitzt als der Nothelfer, jedoch auf die Verwendung verzichtet, etwa weil er vom Dritten verteidigt werden möchte bzw umgekehrt?[5]

Zusätzlich ist die Frage zu erörtern, wie die private Gefahrenabwehr in Konkurrenz zur Gefahrenabwehr durch den Staat steht. Ist die Nothilfe der staatlichen Gefahrenabwehr subsidiär? Was gilt, wenn die eine Seite über mildere Mittel zur Gefahrenabwehr verfügt bzw nicht eingriffswillig ist?

Des Weiteren ist auch die Nothilfeprovokation zu erörtern. Im Zusammenhang mit den Grenzen bzw der Reichweite der Nothilfe stellt sich unter anderem die Frage, wie bei persönlichen Beziehungen zwischen den Beteiligten vorzugehen ist?[6]

---

[5] *Schönke/Schröder,* Strafgesetzbuch Kommentar[27] (2006) § 32 Rz 48ff; *Kindhäuser,* Strafrecht Allgemeiner Teil[4] (2009) § 16 Rz 39ff.

[6] *Engländer,* Nothilfe 6.

1. Kapitel: Die Rechtfertigungsgründe im Strafrecht

1.1. Rechtswidrigkeit

Zur Wahrung des Friedens und der Ordnung stellt der Gesetzgeber Verhaltensvorschriften auf, die entweder geboten oder verboten sind. Ein Verstoß gegen solche Verbote bzw Gebote ist als formell rechtswidrig anzusehen.[7] Es können nur menschliche Verhaltensweisen rechtswidrig sein.[8] Die Rechtswidrigkeit eines Verhaltens muss tatsächlich gegeben sein. Wenn der Täter glaubt rechtswidrig zu handeln, dies aber in Wahrheit nicht tut, kann er dafür nicht bestraft werden (Putativdelikt).[9] Die Rechtswidrigkeit bezeichnet damit eine bestimmte formale Eigenschaft der tatbestandsmäßigen Handlung oder Unterlassung.[10] Rechtswidrigkeit kennzeichnet nur die Tat als solche, ist daher ein Urteil über den Unwert der Tat.[11] Grundsätzlich indiziert die Tatbestandsmäßigkeit dessen Rechtswidrigkeit, es sei denn, dass im konkreten Fall ein Rechtfertigungsgrund zum Tragen kommt; dh dass es strafrechtliche Handlungen gibt, die von der Rechtsordnung gebilligt werden.[12] Durch diese Rechtfertigungsgründe wird das Unrecht der Tat beseitigt, die Handlung ist dann nicht mehr rechtswidrig.[13] Ist ein Rechtfertigungsgrund nicht gegeben, ist der Normverstoß folglich materiell rechtswidrig.[14] Eine Prüfung im Rahmen der Rechtswidrigkeit ist nur dann geboten, wenn dem Sachverhalt Anhaltspunkte dafür zu entnehmen sind.[15]

Unrecht hingegen ist eine Handlung, die gegen die Rechtsordnung als Ganzes verstößt.[16] Unrecht kennzeichnet die Bewertung eines solchen Verstoßes. „Während die Frage der Rechtswidrigkeit mit ja oder nein zu beantworten ist, ist die Frage ob Unrecht vorliegt, mit dem Regel-Ausnahme-Prinzip zu erläutern:

---

[7] *Seiler,* Strafrecht Allgemeiner Teil I (2007) Rz 278.

[8] *Seiler,* AT I Rz 281.

[9] *Kienapfel/Höpfel,* AT[13] Z 24 Rz 20ff.

[10] *Kienapfel/Höpfel,* AT[13] Z 6 Rz 7; *Seiler,* AT I Rz 278.

[11] *Triffterer,* Österreichisches Strafrecht[2] (1993) Kap 11 Rz 8.

[12] *Kienapfel/Höpfel,* AT[13] Z 5 Rz 2.

[13] *Kienapfel/Höpfel,* AT[13] Z 5 Rz 1f.

[14] *Seiler,* AT I Rz 280.

[15] *Triffterer,* AT[2] Kap 6 Rz 45.

[16] *Kienapfel/Höpfel,* AT[13] Z 4 Rz 18.

- Regel: Wer tatbestandsmäßig handelt, handelt unrecht.
- Ausnahme: Liegt ein Rechtfertigungsgrund vor, entfällt das Unrecht."[17]

Demnach ist nur, wenn ein Rechtfertigungsgrund vorliegt, die Handlung kein Unrecht.[18] Das Unrecht ist je nach der Schwere und der Art der Handlung qualitativ und quantitativ differenzierbar.[19] Unrecht ist nach Rechtsgebieten spezifizierbar und daher nicht auf das Strafrecht beschränkt. Es gibt unter anderem das zivilrechtliche, verwaltungsrechtliche, völkerrechtliche Unrecht. „Dass das Unrecht quantifizierbar ist, bedeutet, dass nicht jedes Unrecht gleich wiegt. Das StGB nimmt hier auf unterschiedliche Tatbestände und Strafdrohungen, die Richter bei der Höhe und Art der Strafzumessung Rücksicht."[20]

1.2. Rechtfertigungsgründe

1.2.1. Allgemeines

1.2.2. Wesen und Funktion der Rechtfertigungsgründe

Es ist ein grundlegendes Recht des Menschen keinen Normen unterworfen zu werden, die ihm gegenüber nicht angemessen gerechtfertigt werden können. In diesem Recht auf Rechtfertigung, liegt der Grund der Gerechtigkeit.[21] Rechtfertigungsgründe beschreiben daher Voraussetzungen bzw Umstände, unter denen ein tatbestandsmäßiges Verhalten von der Rechtsordnung gebilligt wird.[22] Die Handlung ist dann gerechtfertigt und rechtskonform.[23] Man kann auch von Unrechtsausschließungsgründen oder Erlaubnissätzen sprechen. Sämtliche Rechtfertigungsgründe weisen eine „identische Grundstruktur auf und bestehen aus denselben drei Bauelementen: Rechtfertigungssituation, Rechtfertigungshandlung und subjektives

---

[17] *Kienapfel/Höpfel*, AT[13] Z 5 Rz 8f.

[18] Triffterer, AT[2] Kap 11 Rz 17.

[19] *Triffterer*, AT[2] Kap 11 Rz 3.

[20] *Kienapfel/Höpfel*, AT[13] Z 4 Rz 20.

[21] *Forst*, Das Recht auf Rechtfertigung (2007) 9.

[22] *Kienapfel/Höpfel*, AT[13] Z 5 Rz 2; *Seiler*, AT I Rz 320.

[23] *Lewisch*, Wiener Kommentar StGB[2] Nachbem zu § 3 Rz 1; *Thiel*, Die Konkurrenz von Rechtfertigungsgründen (1999) 27.

Rechtfertigungselement."[24] Ist ein Rechtfertigungsgrund gegeben, bedeutet dies aber nicht unbedingt, dass das Verhalten automatisch positiv zu bewerten ist.[25]

Ein geschlossenes System der Rechtfertigungsgründe lässt sich der Rechtsordnung nicht entnehmen. Sie finden sich vielmehr in der gesamten Rechtsordnung,[26] wie zB im Bundesrecht, im Landesrecht, im europäischen Gemeinschaftsrecht, im Völkerrecht (Art 2 EMRK).[27] Es gibt keinen numerus clausus der Rechtfertigungsgründe. Dies kann es wegen der Entwicklung der Gesamtrechtsordnung auch nicht geben.[28] Rechtfertigungsgründe finden sich nicht nur im Gesetz, sondern auch auf Rechtsanalogie beruhende, wie zB der rechtfertigende Notstand.[29]

Rechtfertigungsgründe lassen sich auf übergeordnete Prinzipien zurück führen. Diese treten bei den einzelnen Rechtfertigungsgründen in unterschiedlicher Stärke und Kombination in Erscheinung. Die beiden folgenden Prinzipien treten am deutlichsten in Erscheinung:

- Das Prinzip der Güterabwägung besagt, „dass geringere Rechtsgutverletzungen zum Schutz höherwertiger Rechtsgüter hingenommen werden sollen, auch wenn der Rechtsgutträger nicht identisch ist."

- Das Prinzip der auslösenden Handlung besagt, „dass der Rechtsgutträger durch gewisse Handlungen den strafrechtlichen Schutz für sein Rechtsgut verlieren kann. Hier geht es um den Handlungsunwert, der durch das Verhalten des Rechtsgutsträgers beseitigt wird."[30]

---

[24] *Kienapfel/Höpfel*, AT[13] Z 11 Rz 1.

[25] *Roxin*, AT I[4]§ 14 A Rz 1.

[26] *Fuchs*, Österreichisches Strafrecht Allgemeiner Teil I[7] (2008) Kap 15 Rz 6.

[27] *Triffterer*, AT[2] Kap 11 Rz 28.

[28] *Lewisch*, WK[2] § 3 Rz 3.

[29] *Kienapfel/Höpfel*, AT[13] Z 12 Rz 1.

[30] *Triffterer*, AT[2] Kap 11 Rz 29ff.

1.2.2.1. Wirkung von Rechtfertigungsgründen

Wenn ein Rechtfertigungsgrund greift, wird dadurch nicht die Tatbestandsmäßigkeit, aber die Rechtswidrigkeit der Handlung beseitigt. Die Handlung ist dann gebilligt, wenn sämtliche Voraussetzungen für den Rechtfertigungsgrund vorliegen. Gegen den Handelnden kann dann keine Strafe verhängt werden.[31] Wenn eine gesetzliche Regelung in einem Rechtsbereich die Verhaltensweise gestattet, erstreckt sich die Erlaubniswirkung nicht nur auf das jeweilige Rechtsgebiet, sondern auch auf das Strafrecht. Rechtfertigungsgründe wirken demnach für die gesamte Rechtsordnung. Sie gelten daher unabhängig von dem Gebiet dem sie angehören als gleichwertig.[32] AA: *Lewisch* erklärt diese Wirkung nicht aus dem Prinzip einer Einheit der Rechtsordnung, sondern daraus, „dass die vom fremden Erlaubnissatz betroffenen Strafvorschriften diese rechtfertigende Wirkung ihrerseits normativ zur Kenntnis nehmen."[33]

AM *Roxin*: Wenn bestimmte Verhaltensweisen den zivilrechtlichen oder öffentlich-rechtlichen Regeln widersprechen, sind diese dem entsprechend zu bestrafen, auch wenn diese Verhaltensweisen nicht denen des Strafrechts widersprechen.[34] Wird die Recht-fertigung aus einem Teil der Rechtsordnung bejaht, führt diese aber nicht automatisch zu Rechtsfolgen in anderen Rechtsgebieten. Ob zum Beispiel verwaltungsrechtliches, rechtswidriges Handeln zu schadenersatzrechtlichen Folgen führt, ist nach den Regeln des Schadenersatzrechts zu beurteilen.[35]

Sind in einem Sachverhalt mehrere Rechtfertigungsgründe gegeben, sind diese grundsätzlich nebeneinander anwendbar.[36] „Nur in jenen Fällen, in denen ein spezieller Rechtfertigungsgrund lex specialis zu einem allgemeinen Rechtfertigungsgrund ist, geht der erste vor."[37]

---

[31] *Kienapfel/Höpfel*, AT[13] Z 5 Rz 11; *Lewisch*, WK[2] § 3 Rz 10ff.

[32] *Triffterer*, AT[2] Kap 11 Rz 23; *Fuchs*, AT I[7] Kap 15 Rz 6.

[33] *Lewisch*, WK[2] § 3 Rz 10.

[34] *Roxin*, AT I[4] § 14 E Rz 36.

[35] *Lewisch*, WK[2] § 3 Rz 12.

[36] *Lewisch*, WK[2] § 3 Rz 14; *Roxin*, AT I[4] § 14 G Rz 45.

[37] *Triffterer*, AT[2] Kap 11 Rz 24.

1.2.2.2. Abgrenzung der Notwehr von anderen Rechtfertigungsgründen

1.2.3. Das Anhalterecht

1.2.3.1. Allgemeines

Grundsätzlich ist die Strafverfolgung und die damit verbundenen Zwangsmaßnahmen Sache des Staates. Ausnahmsweise gestattet § 80 Abs 2 StPO das allgemeine Anhalterecht für Private. Nach § 80 Abs 2 StPO ist jedermann, der auf Grund bestimmter Tatsachen annehmen kann, dass eine Person eine strafbare Handlung ausführt, unmittelbar zuvor ausgeführt hat oder dass nach ihr wegen einer solchen Handlung gefahndet werde, befugt, diese Person auf angemessene Weise anzuhalten und verpflichtet unverzüglich Anzeige an das nächst erreichbare Sicherheitsorgan zu erstatten.[38]

Zweck ist die Ermöglichung und Erleichterung der staatlichen Strafverfolgung.[39] Dies soll aber nicht um jeden Preis, sondern auf verhältnismäßige Weise, dh insb ohne vorsätzliche Verletzung des Tatverdächtigen erfolgen.[40] Eine Verpflichtung vom Anhalterecht Gebrauch zu machen besteht aber nicht.[41]

1.2.3.1.1. Struktur und Abgrenzung

Das Anhalterecht „besteht aus drei Strukturelementen: Anhaltesituation, Anhaltehandlung und subjektives Rechtfertigungselement."[42]

1.2.3.1.1.1. Anhaltesituation

Das Anhalterecht setzt voraus, dass eine Person eine strafbare Handlung ausführt, unmittelbar zuvor ausgeführt hat oder dass wegen der Begehung einer Straftat nach ihr gefahndet wird. Das Anhalterecht besteht nur bei einer mit gerichtlicher Strafe bedrohten

---

[38] *Kienapfel/Höpfel*, AT[13] E 1 Rz 1; *Schwaighofer*, Wiener Kommentar – StPO (2008) zu § 80 Rz 23.

[39] *Schwaighofer*, WK § 80 Rz 23.

[40] *Kienapfel/Höpfel*, AT[13] E 1 Rz 2.

[41] *Schwaighofer*, WK § 80 Rz 23.

[42] *Kienapfel/Höpfel*, AT[13] E 1 Rz 33.

tatbestandsmäßigen und rechtswidrigen Handlung.[43] Bei Verwaltungsübertretungen oder sonstigen rechtswidrigen Handlungen, die bloß eine zivilrechtliche Schadenersatzpflicht auslösen, ist das private Anhalterecht nicht gegeben, sondern nur (ausnahmsweise) eine polizeiliche Festnahme (§ 35 VStG).[44] In diesem Zusammenhang ist die neue Rechtsprechung zu erwähnen: Ein Kontrollorgan eines Massenbeförderungsunternehmens ist befugt, einen „Schwarzfahrer" bei unbekannter Identität zur Durchsetzung eines zivilrechtlichen Anspruchs auch bei Überschreitung der erlaubten Mindestdauer einer Freiheitsentziehung (§ 99 Abs 1 StGB) anzuhalten.[45]

Wenn der Verdacht einer gerichtlich strafbaren Handlung gegeben ist, kommt es auf die Schwere der Tat nicht an. Die Anhaltung ist daher zum Beispiel auch bei Ladendiebstählen möglich. Hier ist aber die Verhältnismäßigkeit besonders zu beachten.[46] *Kienapfel/Höpfel* bejahen das Anhalterecht auch bei Privatanklagedelikten, außer bei erklärtem entgegenstehenden Willen des Privatanklageberechtigten.[47] AA: *Schwaighofer* verneint das Anhalterecht bei Privatanklagedelikten, weil die Kriminalpolizei nicht verpflichtet ist Anzeigen wegen eines Privatanklagedelikts aufzunehmen.[48]

Das Anhalterecht entfällt zum Beispiel bei strafbefreiendem Rücktritt des Täters gem § 16 StGB, bei tätiger Reue gem § 167 StGB oder bei anderen, offensichtlich gerechtfertigt erscheinenden Taten. Die Schuldfähigkeit des Angehaltenen ist keine Voraussetzung. Daher können auch unmündige oder schuldunfähige Personen angehalten werden.[49]

Der Anhaltende muss auf Grund bestimmter Tatsachen die Begehung einer gerichtlich strafbaren Handlung annehmen können. Er benötigt somit einen Tatverdacht, der durch objektiv gegebene Verdachtsgründe bestätigt sein muss.[50] Ein dringender Tatverdacht, dh eine hohe Wahrscheinlichkeit iSd § 173 StPO muss aber nicht gegeben sein.[51]

---

[43] *Schwaighofer*, WK § 80 Rz 31.

[44] *Fuchs*, AT I[7] Kap 18 Rz 24.

[45] OGH 15 Os 71/07s AnwBl 2008, 304.

[46] *Schwaighofer*, WK § 80 Rz 29.

[47] *Kienapfel/Höpfel*, AT[13] E 1 Rz 5.

[48] *Schwaighofer*, WK § 80 Rz 30.

[49] *Kienapfel/Höpfel*, AT[13] E 1 Z 7; *Schwaighofer*, WK § 80 Rz 31.

[50] *Fuchs*, AT I[7] Kap 18 Rz 24f.

Zusätzlich sind zeitliche Schranken zu beachten. Die verdächtigte Person muss die Tat entweder soeben ausführen, unmittelbar vorher ausgeführt haben oder nach ihr wegen einer solchen Tat gefahndet werden. Das Anhalterecht ist so lange zu gewähren, als ein zeitlicher und indizienmäßiger Konnex zur Tat besteht.[52]

1.2.3.1.1.2. Anhaltehandlung

Die Anhaltung muss verhältnismäßig sein. Gerechtfertigt ist eine Freiheitsentziehung gem § 99 StGB, eine Nötigung gem § 105 StGB sowie eine leichte Körperverletzung gem§ 83 StGB, soweit sie angemessen ist. Eine schwere Körperverletzung kann nur dann gerechtfertigt sein, wenn der Eintritt der schweren Körperverletzung durch die Anhaltehandlung ex ante nicht wahrscheinlich war.[53]

Die private Anhaltung muss unverzüglich, dh wie im konkreten Fall am schnellsten möglich beim nächst erreichbaren Sicherheitsorgan angezeigt werden.[54] Entfällt der Tatverdacht während oder bei der Anhaltung, ist die Anhaltung unverzüglich aufzuheben, weil die Anhaltung an sonst zu einer rechtswidrigen Freiheitsentziehung gem § 99 StGB wird.

1.2.3.1.1.3. Subjektives Rechtfertigungselement

Aus der „Anzeigepflicht folgt, dass für eine rechtmäßige Anhaltung die Kenntnis des Handelnden von der rechtfertigenden Situation vorausgesetzt wird."[55] Strittig ist, ob darüber hinaus ein spezifischer Anzeigewille vorliegen muss und zwar bezogen auf den Zeitpunkt der Festnahme.[56]

---

[51] *Kienapfel/Höpfel*, AT[13] E 1 Rz 11; *Schwaighofer*, WK § 80 Rz 37.

[52] *Kienapfel/Höpfel*, AT[13] E 1 Rz 12.

[53] *Fuchs*, AT I[7] Kap 18 Rz 26; *Schwaighofer*, WK §80 Rz 44f; *Leukauf/Steininger*, Kommentar zum StGB[3] (1992) 73.

[54] *Seiler*, AT I Rz 393.

[55] *Leukauf/Steininger*, StGB[3] § 3 Rz 28.

[56] *Kienapfel/Höpfel*, AT[13] E 1 Rz 25ff.

1.2.3.1.2. Verhältnis zur Notwehr

Wehrt sich der Angehaltene gegen eine rechtmäßige Anhaltung, ist gegen diesen rechtswidrigen Angriff Notwehr bzw Nothilfe zulässig.[57] Gegen eine rechtmäßige Festnahme durch eine Privatperson ist Notwehr mit Berufung auf Freiheitsentziehung gem § 99 StGB nicht zulässig.[58]

1.2.4. Ausübung von Amts- und Dienstpflichten

1.2.4.1. Allgemeines

Es gibt eine Vielzahl von amtlichen Befugnissen, die einen Eingriff in die Rechte des Einzelnen gestatten.[59] Die Beamten (insb Polizei) können daher notfalls mit Gewalt in die Rechte der Bürger rechtmäßig eingreifen, wenn sie im Rahmen ihrer spezialgesetzlichen Ermächtigung handeln. Überschreiten die Beamten die rechtlich erlaubten Grenzen oder handeln sie ohne gesetzliche Ermächtigung, handeln sie grundsätzlich rechtswidrig und können strafrechtlich zur Verantwortung gezogen werden.[60]

1.2.4.1.1. Anwendungsfälle

Die Eingriffsbefugnisse der Polizei finden sich in der Strafprozessordnung, im Verwaltungsstrafgesetz und im Sicherheitspolizeigesetz.

Die Festnahme einer Person durch die Polizei ist grundsätzlich ein Eingriff in das Grundrecht auf persönliche Freiheit (Art 5 EMRK, PersFrG). Die Festnahme ist aber gestattet, wenn die Voraussetzungen Tatverdacht und Festnahmegrund gem § 170 StPO gegeben sind.[61] Die Organe des öffentlichen Sicherheitsdienstes (insb Polizei) sind

---

[57] *Leukauf/Steininger*, StGB³ § 3 Rz 27.

[58] OGH 11 Os 196/72 EvBl 1973/223.

[59] *Seiler*, AT I Rz 331.

[60] *Triffterer*, AT² Kap 11 Rz 104; *Fuchs*, AT I⁷ Kap 18 Rz 17.

[61] *Bertel/Venier*, Das neue Strafprozessrecht⁴ (2010) Kap 11 Rz 344ff.

gem § 35 VStG befugt Personen, die auf frischer Tat einer Verwaltungsübertretung betreten werden festzunehmen, wenn der Verdächtige dem Organ nicht bekannt ist, sich nicht ausweist und die Identität sich auch sonst nicht sofort feststellen lässt oder wenn der Betretene trotz Abmahnung in der verwaltungsstrafrechtlichen Handlung verharrt oder sie zu wiederholen sucht.[62]

1.2.4.1.1.2. Notwehr bzw Nothilfe gegen Amtshandlungen

„Widerstand gegen die Staatsgewalt" gem § 269 StGB und ein „Tätlicher Angriff auf einen Beamten" gem § 270 StGB sind strafbar.

Auch rechtswidrige Amtshandlungen sind von den Betroffenen grundsätzlich zu dulden. Man spricht hier insoweit von einem „Irrtumsprivileg des Staates."[63] Liegt diese sogenannte einfache Rechtswidrigkeit von Amtshandlungen vor, kann der Betroffene nur mit den gesetzlich vorgesehenen Rechtsmitteln, wie Berufung, Maßnahmenbeschwerde an den UVS gem § 129 a B-VG, § 88 Abs 1 SPG, §§ 67 c bis g AVG, Aufsichtsbeschwerde gem § 89 Abs 2 SPG usw vorgehen.[64] Nur bei sogenannter qualifizierter Rechtswidrigkeit, dh bei strafgesetzwidrigen Amtshandlungen (Amtsmissbrauch gem § 302 StGB, Fahrlässiger Verletzung der Freiheit der Person oder des Hausrechts gem § 303 StGB) und bei solchen Amtshandlungen, die der Art nach nicht in die Kompetenz der Behörde bzw der Beamten fallen, ist Notwehr bzw Nothilfe zulässig (zB Festnahme durch einen Verwaltungsbeamten).[65]

1.2.5. Der rechtfertigende Notstand

1.2.5.1. Allgemeines und Verhältnis zur Notwehr

---

[62] *Bachmann/Baumgartner/Feik/Giese/Jahnel/ Lienbacher*, Besonderes Verwaltungsrecht[7] (2006) 22.

[63] *Kienapfel/Höpfel*, AT[13] E 1 Rz 53.

[64] *Kahl/Weber*, Allgemeines Verwaltungsrecht[2] (2008) Rz 431.

[65] *Fuchs*, AT I[7] Kap 18 Rz 19; *Kienapfel/Höpfel*, AT[13] Z 11 Rz 11.

Die beiden Rechtfertigungsgründe „sind in ihrer Grobstruktur ähnlich. Die Unterschiede ergeben sich aber aus unterschiedlichen Denkmodellen." Beim rechtfertigenden Notstand kann das eine Rechtsgut nur auf Kosten des anderen gerettet werden.[66]

Der rechtfertigende Notstand ist ein ungeschriebener, im Wege der Rechtsanalogie aus § 1306 a ABGB und §§ 97 Abs 1 Z 2 und Z 3, 98 Abs 2 StGB abgeleiteter Rechtfertigungsgrund.[67]

1.2.5.1.1. Struktur und Merkmale

Der rechtfertigende Notstand „besteht aus den drei typischen Strukturelementen Notstandssituation, Notstandshandlung und dem subjektiven Rechtfertigungselement."[68]

1.2.5.1.1.1. Notstandssituation

Eine Notstandssituation liegt vor, wenn ein unmittelbar drohender, bedeutsamer Nachteil für ein Rechtsgut droht, der durch den Eingriff in ein fremdes Rechtsgut abgewendet werden kann. Im Unterschied zur Notwehrsituation kann eine Notstandssituation nicht nur durch menschliches Verhalten, sondern auch durch Tierattacken, Naturkatastrophen und sonstige beliebige Gefahrenquellen verursacht werden.[69] Soweit aber ein gegenwärtiger, rechtswidriger Angriff iSd § 3 StGB vorliegt, greift die Notwehr ein.[70] Man spricht daher vom Vorrang der Notwehr, die als lex specialis vorgeht. Sobald aber die Notwehrsituation iSd § 3 StGB ausscheidet, weil der Angriff oder die Gegenwärtigkeit wegfällt oder weil der Angriff auf ein nicht notwehrfähiges Rechtsgut gerichtet ist, ist ein Rückgriff auf die lex generalis, den rechtfertigenden Notstand denkbar.[71] Ein weiterer Unterschied zur Notwehr besteht darin, dass der rechtfertigende Notstand nicht auf die notwehrfähigen Rechtsgüter beschränkt ist. Der Nachteil kann für irgendein Rechtsgut drohen.[72] Der

---

[66] *Kienapfel/Höpfel*, AT[13] Z 12 Rz 31ff.

[67] *Kienapfel*, Der rechtfertigende Notstand, ÖJZ 1975, 422f; *Leukauf/Steininger*[3], § 3 Rz 49.

[68] *Kienapfel/Höpfel*, AT[13] Z 12 Rz 4 .

[69] *Fuchs*, AT I[7] Kap 17 Rz 55.

[70] *Roxin*, AT I[4] § 16 A Rz 19.

[71] *Kienapfel/Höpfel*, AT[13] Z 12 Rz 35f.

[72] *Trifterer*, AT[2] Kap 11 Rz 116; *Kienapfel*, ÖJZ 1975, 425.

unmittelbar drohende Nachteil reicht weiter als die zeitlichen Schranken der Notwehr.[73] Nach *Triffterer* ist die unmittelbare Bedrohung für ein Rechtsgut gegeben, wenn die Beeinträchtigung in kürzester Frist ohne Dazwischentreten weiterer Ursachen bevorsteht.[74]

1.2.5.1.1.2. Notstandshandlung

Der rechtfertigende Notstand ermöglicht anders als die Notwehr auch Eingriffe in die Rechtsgüter gänzlich Unbeteiligter. Die Voraussetzungen der Notstandshandlung haben mit der Notwehr gemeinsam, dass sie nach objektiven Kriterien aus der Sicht ex ante zu beurteilen sind. Es müssen folgende Voraussetzungen gegeben sein:[75]

Die Rettungshandlung muss einziges Mittel zur Abwendung des Nachteils sein. Diese Voraussetzung erfüllt ähnliche Funktion wie die Notwendigkeit der Verteidigung bei der Notwehr. Das Mittel muss folglich geeignet sein, die Rettungschancen mehr als nur minimal zu erhöhen.[76] Liegen mehrere geeignete Mittel vor, muss der Notstandstäter das relativ schonendste Mittel wählen.[77] Das gerettete Rechtsgut muss eindeutig und zweifelsfrei höherwertig sein als das beeinträchtigte Rechtsgut. Weiteres darf kein unangemessenes Mittel zur Abwendung der Gefahr ergriffen werden.[78]

1.2.5.1.1.3. Subjektives Rechtfertigungselement

Grundsätzlich genügt das Wissen um das Vorliegen der Notstandssituation.[79] *Triffterer* verlangt hingegen zusätzlich einen Rettungswillen.[80]

---

[73] *Kienapfel/Höpfel*, AT[13] Z 12 Rz 12; *Roxin*, AT I[4] § 16 A Rz 20.

[74] *Triffterer*, AT[2] Kap 11 Rz 120f.

[75] *Kienapfel/Höpfel*, AT[13] Z 12 Rz 14f .

[76] *Roxin*, AT I[4] § 16 A Rz 19ff.

[77] *Triffterer*, AT[2] Kap 11 Rz 123f.

[78] *Leukauf/Steininger*[3], § 3 Rz 54ff; *Kienapfel/Höpfel*, AT[13] Z 12 Rz 20ff.

[79] *Kienapfel/Höpfel*, AT[13] Z 12 Rz 26.

[80] *Triffterer*, AT[2] Kap 11 Rz 136.

2. Kapitel: Die Notwehr

2.1. Gesetzliche Grundlage

Notwehr ist in § 3 StGB geregelt. § 3 Abs 1 StGB regelt die Voraussetzungen. Demnach handelt jemand in Notwehr und nicht rechtswidrig, wer bei einem gegenwärtigen oder unmittelbar drohenden, rechtswidrigen Angriff auf Leben, Gesundheit, körperliche Unversehrtheit, Freiheit oder Vermögen sich gegenüber dem Angreifer der Verteidigung bedient, die notwendig ist, um diesen Angriff von sich oder einem anderen (Nothilfe, Kapitel 3) abzuwehren. Die Handlung ist nicht gerechtfertigt, wenn es offensichtlich ist, dass dem Angegriffenen bloß ein geringer Nachteil droht und die Verteidigung unangemessen ist. § 3 Abs 2 StGB regelt die Rechtsfolgen der Notwehrüberschreitung (näheres siehe 2.3.4.2.).

2.2. Struktur und Merkmale

„Die drei Strukturelemente der Notwehr sind Notwehrsituation, Notwehrhandlung und subjektives Rechtfertigungselement:"[81]

2.2.1. Notwehrsituation

Die Notwehrsituation erfordert das Vorliegen eines gegenwärtigen oder unmittelbar drohenden, rechtswidrigen Angriffs auf ein notwehrfähiges Rechtsgut.

2.2.1.1. Angriff

Angriff ist jenes menschliche Verhalten, welches die Beeinträchtigung von Rechtsgütern befürchten lässt. Eine ex post Beurteilung des Verhaltens ob ein Angriff gegeben ist, ist nicht heranzuziehen, da sie bei der Notwehr schlicht unmöglich ist. Ob ein Angriff iSd Notwehr vorliegt, ist demnach bei der Notwehr ex ante zu beurteilen, dh man hat sich auf den Zeitpunkt der Handlungsvornahme zu beziehen.[82] Diese ex ante-Beurteilung ist

---

[81] *Kienapfel/Höpfel*, AT[13] Z 11 Rz 3.

[82] *Fuchs*, Grundfragen der Notwehr (1983) 69f.

objektiv und nicht aus der Perspektive des Angegriffenen vorzunehmen. Es sind daher alle Umstände zu berücksichtigen, die im Zeitpunkt des Geschehens vorlagen, auch wenn sie erst nachträglich bekannt wurden. Wenn jemand irrtümlich eine Notwehrsituation annimmt, ist diese Verteidigungshandlung nach § 8 StGB (Irrtum über einen rechtfertigenden Sachverhalt) zu beurteilen.[83]

2.2.1.1.1. Angriff als menschliches Verhalten

§ 3 Abs 1 StGB erlaubt die Verteidigung eines rechtswidrigen Angriffs. Da Tiere nicht rechtswidrig handeln können, darf nur menschliches Verhalten nach § 3 StGB abgewehrt werden.[84] *Kadecka* betrachtet die Rechtswidrigkeit rein objektiv und schreibt daher: „Rechtswidrigkeit ist … jedes Verhalten, das die von der Rechtsordnung gewollte Güter- und Machtverteilung stört… Das kann auch durch eine von Tieren ausgehende Schädigung von Rechtsgütern geschehen."[85] Anders ist es aber, wenn ein Mensch sich eines Tieres zu einem Angriff bedient, indem er zB einen abgerichteten Hund auf einen Menschen hetzt. Hier ist der Hund Waffe des Menschen und es liegt zweifelsfrei ein rechtswidriger Angriff des Aufhetzenden vor.[86]

Juristische Personen kommen als Angreifer nicht in Betracht, weil sie nicht handlungsfähig sind. Juristische Personen handeln durch ihre Organe. Daher kann man nicht gegen einen Verein, GmbH, AG oder Staat Notwehr ausüben.[87]

Wenn eine personale Zurechnung des menschlichen Verhaltens nicht möglich ist, liegt auch kein Angriff vor. Bloße Körperreflexe, Bewegungen im Zustand der Bewusstlosigkeit, epileptische Krampfanfälle, etc begründen von vornherein keine Notwehrsituation. In diesen Fällen wird eine Rücksichtnahmepflicht geboten sein. Weiß der Angegriffene hingegen nichts vom körperlichen Zustand des Angreifers, ist Putativnotwehr gegeben. Bewegungen im Einfluss von vis absoluta gehören hier ebenfalls

---

[83] *Lewisch*, WK² § 3 Rz 17ff.

[84] *Roxin*, AT I⁴ § 15 C Rz 6.

[85] *Rittler/ Nowakowski*, Gesammelte Aufsätze zum 85 Geburtstag von Dr.Dr.h.c Kadecka (1959) 127.

[86] *Triffterer*, AT² Kap 11 Rz 53.

[87] *Roxin*, AT I⁴ § 15 C Rz 7.

dazu, weil der betreffende Mensch nicht einmal im Reflex, sondern vielmehr von einer anderen Person zu einem Verhalten gezwungen wird.[88]

2.2.1.1.2. Unterlassen als Angriff

Die Frage, ob eine unechte Unterlassung eine Notwehrsituation begründen kann, ist umstritten. Ein Teil der Lehre verlangt für einen Angriff ein aktives Tun.[89] Andere Lehrmeinungen bejahen auch in einem bloßen Unterlassen einen Angriff iSd § 3 StGB, weil man ja auch durch Unterlassen jemanden töten oder verletzen kann.[90] Lässt daher zB eine Mutter ihr Kind verhungern, ist derjenige durch Nothilfe gerechtfertigt, der sie mit Gewalt oder Drohung zur Versorgung des Kindes zwingt. Ebenso auch der, der die Mutter außer Gefecht setzt und sich selbst um das Kind kümmert. Es liegt hingegen kein Angriff vor, wenn die Unterlassung keinen Eingriff in ein notwehrfähiges Rechtsgut darstellt. Der Schuldner, der nicht leistet, handelt zwar rechtswidrig, der Gläubiger darf aber nicht Notwehr üben, sondern muss gegen den Schuldner mit zivilrechtlicher Klage oder anderen Rechtsbehelfen vorgehen. Strittig ist es auch, ob die echte Unterlassung einen notwehrfähigen Angriff begründen kann. Darf man zB einen Autofahrer, der sich weigert, ein verletztes Unfallopfer ins Krankenhaus zu bringen, in Ausübung des Nothilferechts durch Gewalt oder Drohung dazu zwingen, den Verletzten ins Krankenhaus zu fahren. Die abl Lehre zieht in diesem Fall die Abwägungsprinzipien des rechtfertigenden Notstands heran.[91]

2.2.1.1.3. Rechtswidrigkeit des Angriffs

Ob ein Angriff rechtswidrig ist, bestimmt sich nach den allgemeinen Regeln über die Rechtswidrigkeit. Dabei wird die gesamte Rechtsordnung herangezogen. Dh es ist nicht notwendig, dass der Angriff auch strafgesetzwidrig ist.[92] Steht dem Angreifer ein Rechtfertigungsgrund zur Seite, fehlt es an der Rechtswidrigkeit des Angriffs. Gegen

---

[88] *Fuchs*, Notwehr 73.

[89] *Bockelmann/Volk*, Strafrecht – Allgemeiner Teil[4] (1987) § 15 B I 1a.

[90] *Renzikowski*, Notstand und Notwehr (1994) 289f; *Triffterer*, AT[2] Kap 11 Rz 54.

[91] *Roxin*, AT I[4] § 15 C Rz 11ff.

[92] *Gropp*, Strafrecht Allgemeiner Teil[3] (2005) § 6 Rz 70; *Lenckner/Perron*, StGB Kommentar[27] § 32 Rz 19.

gerechtfertigte Handlungen ist daher Notwehr niemals möglich.[93] Strittig ist, ob ein vorsätzlicher Angriff ein vorsätzliches oder fahrlässiges Handlungsunrecht erfordert, oder ob ein Erfolgsunrecht genügt.[94] *Roxin* und *Fuchs* verlangen für die Rechtswidrigkeit des Angriffs nicht nur einen Erfolgsunwert, der Angriff muss auch einen Handlungsunwert aufweisen.[95] *Lewisch* hingegen lässt einen Erfolgsunwert genügen.[96] Die Rsp hat zu dieser Frage noch nicht Stellung genommen, hat bis dato aber noch keine Prüfung eines Handlungsunwerts vorgenommen.

2.2.1.1.4. Schuldfähigkeit des Angreifers

Laut Gesetz ist es für den Angriff nicht erforderlich, dass der Angreifer auch zur Verantwortung gezogen werden kann. Notwehr ist daher auch grundsätzlich gegen strafunmündige oder sonst zurechnungsunfähige Personen zulässig.[97] Allerdings ist bei Vorliegen von Notwehr eine Einweisung gem § 21 StGB ausgeschlossen, weil die Straflosigkeit des Täters nicht allein auf seine Zurechnungsunfähigkeit zur Tatzeit zurückzuführen ist.[98] Nach *Schmidhäuser* muss der Angriff vorsätzlich und bewusst unerlaubt sein.[99] In verschiedenen Lehrmeinungen finden sich aber Einschränkungsbemühungen für gewisse Personengruppen und verlangen sog „sozialethische Schranken" der Notwehr. *Triffterer* erkennt nicht allgemein, sondern in bestimmten Ausnahmefällen, wie zB bei Kindern eine Ausweichpflicht an. Eine allgemeine Ausweichpflicht kann nicht verlangt werden, weil die Bewegungsfreiheit selbst ein notwehrfähiges Rechtsgut ist.[100] *Bertel* will Notwehr bei Angriffen von Kindern und Zurechnungsunfähigen versagen, die keine ernst zu nehmende Rechtsgutverletzung befürchten lassen.[101] Der deutschen Literatur folgend hat *Steininger* aus § 21 ABGB eine Pflicht zur besonderen Schonung zu Gunsten von Kindern und Schuldunfähigen abgeleitet. Demnach soll offensive Gegenwehr nur zulässig sein, wenn der Angriff nicht

---

[93] *Fuchs*, AT I[7] Kap 17 Rz 15; OGH 28.02.1995, 11 Os 166/94.

[94] *Gropp*, AT[3] § 6 Rz 71.

[95] *Roxin*, AT I[4] § 15 D Rz 14; *Fuchs*, AT I[7] Kap 17 Rz 15.

[96] *Lewisch*, WK[2] § 3 Rz 22.

[97] *Leukauf/Steininger*, StGB[3] § 3 Rz 74a.

[98] OGH 15 Os 62/90 JBl 1991, 326f.

[99] *Steininger*, Die Notwehr in der neueren Rechtsprechung des OGH, ÖJZ 1980, 230.

[100] *Triffterer*, AT[2] Kap 11 Rz 85.

[101] *Bertel*, Notwehr gegen verschuldete Angriffe, ZStW 1972, 11.

anders abgewehrt werden kann.[102] Diese Rücksichtnahmepflicht soll aber nicht für Personen gelten, die betrunken sind oder unter Drogeneinfluss stehen.[103]

2.2.1.2. Zeitliche Schranken der Notwehrsituation

Der Beginn der Notwehrsituation wird durch das Merkmal der Gegenwärtigkeit festgelegt.[104] Dadurch wird zum Ausdruck gebracht, dass die Notwehr nicht der Bestrafung des Angreifers dient, sondern der Erhaltung von Rechtsgütern.[105] Der Angriff muss unmittelbar drohen oder gegenwärtig sein.[106] Der Angriff ist gegenwärtig, „wenn er unmittelbar bevorsteht, gerade stattfindet oder noch fortdauert." Zusätzlich bedarf es zur Gegenwärtigkeit einer konkreten Gefährdung des betreffenden Rechtsguts.[107] Solange ein rechtswidriger Angriff andauert, ist offensive Gegenwehr zulässig.[108] Unmittelbar drohend ist ein Angriff, sobald die Gefahr des Angriffs und die Notwendigkeit einer abwehrenden Reaktion eindeutig sind.[109] Ist die Notwehrsituation beendet, ist die Verteidigung nicht mehr gerechtfertigt, weil keine Rechtsgutsbeeinträchtigung mehr zu erwarten ist. Dies ist insb dann gegeben, wenn der Angreifer den Angriff aufgegeben hat, wenn der Angreifer bezwungen wurde oder der Angriff misslungen ist oder wenn der Angreifer sein Ziel erreicht hat. Ebenfalls ausgeschlossen ist das Notwehrrecht gegenüber zukünftigen Angriffen, auch wenn diese zu befürchten sind.[110]

Da wirksame Gegenmaßnahmen bereits vor Eintritt des Rechtsgutverlustes getroffen werden und diese Verteidigungshandlungen erlaubt sein müssen, hängt die Rechtfertigung von Wahrscheinlichkeitsprognosen ab. Dies gilt für die Beurteilung der Gefahr, sowie für die Erforderlichkeit der Verteidigungshandlung. Der Beschränkung des Notwehrrechts auf die Abwehr von gegenwärtigen oder unmittelbar drohenden Angriffen liegt daher eine

---

[102] *Steininger*, ÖJZ 1980, 231.

[103] *Lewisch*, WK[2] § 3 Rz 108ff.

[104] *Fuchs*, AT I[7] Kap 17 Rz 19; *Suppert*, Studien zur Notwehr und "notwehrähnliche Lage" (1973), 327f.

[105] *Fuchs*, Notwehr 98.

[106] *Kienapfel/Höpfel*, AT[13] Z 11 Rz 9.

[107] *Kindhäuser*, AT[4] § 16 Rz 17.

[108] OGH 14 Os 69/90 JBl 1991, 196.

[109] OGH 14.04.1987, 11 Os 121/86.

[110] *Fuchs*, AT I[7] Kap 17 Rz 17f; OGH 07.08.1990, 14 Os 62/90.

mehrfache Interessenabwägung zugrunde. Erstens ist erforderlich, dass die Rechtsgutverletzung unausweichlich und unvermeidbar ist. Zweitens ist es erst in diesem Zeitpunkt möglich, eine verhältnismäßig verlässliche Beurteilung der Situation zu treffen. Drittens gilt es für den in Notwehr Handelnden, dass die Verletzung eines notwehrfähigen Rechtsguts bevorsteht, dem der Bedrohte nicht mehr ohne Interessenbeeinträchtigung entgehen kann.

Jenes menschliche Verhalten ist als gegenwärtiger Angriff anzusehen, dass ohne weitere Handlung in die Rechtsgutsbeeinträchtigung übergehen soll. Es liegt aber nicht erst dann ein Angriff vor, wenn der Angreifer die Pistole zieht und abdrückt, sondern schon der Griff zur Pistole ist Teil einer Angriffshandlung, wenn es die Absicht des Angreifers ist, dass er ohne weitere Zwischenhandlung in ein notwehrfähiges Rechtsgut eingreifen will. Zieht hingegen der Angreifer die Pistole und legt sie auf den Tisch, ist ein gegenwärtiger Angriff auf das Leben noch nicht gegeben. Hier könnte aber das notwehrfähige Rechtsgut Freiheit gegenwärtig angegriffen sein.[111]

Der Angriff ist so lange gegenwärtig, als eine Intensivierung der Rechtsgutsbeeinträchtigung droht.[112] Ein Angriff ist daher noch gegenwärtig, wenn der Angreifer den schädigenden Kausalverlauf bereits gesetzt hat, die Rechtsgutverletzung aber noch nicht eingetreten ist. Ebenfalls ist ein Angriff noch als gegenwärtig zu qualifizieren, wenn die Rechtsgutbeeinträchtigung bereits eingetreten ist und diese noch durch weitere Handlungen des Angreifers intensiviert wird. Daher ist es zB zulässig, gegen einen flüchtenden Dieb Notwehr zu üben, um den endgültigen Verlust des Rechtsgutes zu verhindern.[113]

2.2.1.3. Notwehrfähige Rechtsgüter

Der Angriff muss sich auf ein notwehrfähiges Rechtsgut beziehen. Diese sind taxativ aufgezählt in § 3 StGB. Notwehrfähig sind demnach nur Leben, Gesundheit, körperliche Unversehrtheit, Freiheit und Vermögen.[114] Wenn sich ein Angriff auf ein sonstiges

---

[111] *Fuchs*, Notwehr 98ff.

[112] *Lewisch*, WK² § 3 Rz 75.

[113] *Fuchs*, Notwehr 100.

[114] *Leukauf/Steininger*, StGB³ § 3 Rz 77.

Rechtsgut wie zB Ehre, Privatsphäre, Briefgeheimnis, familiäre Pflichten, ehelicher Frieden bezieht, ist Notwehr nicht zulässig. Es könnten allerdings andere Rechtfertigungsgründe in Betracht kommen.[115] Das Gesetz nimmt nur Rechtsgüter des einzelnen (Individualrechtsgüter) auf, daher sind die Interessen der Allgemeinheit, des Staates oder politische Zielsetzungen keine notwehrfähigen Rechtsgüter.[116]

2.2.1.3.1. Leben, Gesundheit, körperliche Unversehrtheit

Die an der Spitze der gesetzlichen Rechtsgüterskala stehenden Rechtsgüter „Leib und Leben" sind unbeschränkt notwehrfähig. Das Rechtsgut Leben bezeichnet die physische Existenz als solche. Notwehrfähig ist das geborene Leben.[117] Dies trifft auch unter Beachtung des § 22 ABGB (Nasciturus = ein bereits gezeugtes, aber noch nicht geborenes Kind hat Anspruch auf Rechtsschutz[118]) auf das ungeborene Leben zu. Daher ist gegen eine zwangsweise Abtreibung Notwehr bzw Nothilfe zulässig.[119] Für *Schmoller* scheidet Nothilfe zugunsten des ungeborenen Lebens wegen § 3 Abs 1 StGB direkt aus, weil die Bestimmung von einem „anderen" spreche, worunter iS des StGB nur ein geborener Mensch zu verstehen sein kann.[120]

Die dogmatische Einordnung der Sonderregelung des § 97 StGB (Straflosigkeit des Schwangerschaftsabbruchs) ist umstritten: Für jene Autoren, die in den Ziffern des § 97 StGB Rechtfertigungsgründe sehen, handelt es sich bei einem Schwangerschaftsabbruch bei Vorliegen der Voraussetzungen um einen gerechtfertigten und daher nicht rechtswidrigen Angriff, so das Notwehr ausscheidet. Werden die Bestimmungen des § 97 StGB als Tatbestandseinschränkungen gesehen, wie von *Schmoller*, scheidet dieser Weg aus. *Lewisch* hingegen sieht in § 97 StGB einen Strafausschließungsgrund.[121]

---

[115] *Kienapfel/Höpfel*, AT[13] Z 11 Rz 6.

[116] *Steininger*, ÖJZ 1980, 229; *Fuchs*, Notwehr 104f; *Fuchs*, AT I[7] Kap 17 Rz 22.

[117] *Lewisch*, WK[2] § 3 Rz 37ff.

[118] *Koziol/Welser*, Bürgerliches Recht[13] (2006) 51.

[119] *Steininger*, Salzburger Kommentar zum Strafgesetzbuch I (2009) § 3 Rz 27.

[120] *Schmoller*, Salzburger Kommentar zum Strafgesetzbuch I (2009) § 97 Rz 22.

[121] *Kienapfel/Schroll*, Studienbuch Strafrecht Besonderer Teil I Delikte gegen Personenwerte[5] (2003) 222; *Lewisch*, WK[2] § 3 Rz 39.

Gesundheit und körperliche Unversehrtheit sind unbeschränkt notwehrfähig. Mit Angriffen auf diese Rechtsgüter ist eine drohende Körperverletzung oder Gesundheitsschädigung iSd § 83 Abs 1 StGB (Körperverletzung) gemeint. Hierher gehört auch der Schutz der seelischen Gesundheit. Daher ist zB auch Notwehr bzw Nothilfe gegen geschlechtlichen Missbrauch eines Kindes zulässig, das in die Vornahme der sexuellen Handlung einwilligt.[122]

Strittig ist, ob eine Misshandlung zur Notwehr berechtigt. *Kienapfel/Höpfel* bejahen das Vorliegen einer Notwehrsituation dann, wenn der Angegriffene geohrfeigt wird, weil dann nicht nur die Ehre, sondern auch die körperliche Unversehrtheit beeinträchtigt wird.[123] Gegen die Notwehrbefugnis spricht besonders die Tatsache, dass das Gesetz die körperliche Misshandlung ausdrücklich als Beeinträchtigung der Ehre einstuft, und die Ehre ja nicht zu den notwehrfähigen Rechtsgütern zählt.

2.2.1.3.2. Vermögen

Der Begriff Vermögen iSd § 3 StGB ist ein sehr weiter Begriff. Notwehrfähig sind grundsätzlich alle rechtswidrigen Angriffe, die einen Vermögensschaden erwarten lassen. Zum notwehrfähigen Vermögen zählen insb das Eigentum, aber auch alle anderen Verfügungsrechte über Sachen und Reche wie zB Geschäftsgeheimnisse, die einen wirtschaftlichen Wert haben, einschließlich des Besitzstandes.[124]

Restriktionen der Verteidigungsbefugnis gibt es im Interesse des staatlichen Gewaltmonopols und wegen des Bedürfnisses die Notwehr auf klare, durchschaubare Sachverhalte zu reduzieren. Die erforderliche Differenzierung kann hier nur an die Notwehrvoraussetzung des Angriffs geknüpft werden. Demnach begründet eine Notwehrsituation nur jene gegen das Vermögen gerichteten Handlungen, die eine negative Zustandsveränderung der tatsächlichen Verhältnisse im Herrschaftsbereich des Bedrohten erwarten lässt. Es stellen nur solche Handlungen einen Angriff dar, „deren Abwehr als die Erhaltung eines bestehenden Zustandes im Gegensatz zur eigenmächtigen Herstellung des

---

[122] *Fuchs*, Notwehr 110.

[123] *Kienapfel/Höpfel*, AT[13] Z 11 Rz 6.

[124] *Lewisch*, WK[2] § 3 Rz 41f; *Steininger*, SK I § 3 Rz 31.

rechtmäßigen Zustandes bezeichnet werden kann." Daher stellen zB die rechtmäßige Enteignung oder das Nichtzahlen von Forderungen keine Zustandsänderung dar, die eine Notwehrsituation entstehen lassen.[125]

2.2.1.3.3. Freiheit

Das Rechtsgut Freiheit umfasst zum einen die Bewegungsfreiheit - genauer die Freiheit zu willkürlichen Ortsveränderungen iSd § 99 StGB. Solange ein freiheitsentziehender, rechtswidriger, nicht notwendig strafgesetzwidriger Angriff vorliegt, ist Notwehr bzw Nothilfe zulässig. Dh Freiheitsentziehungen sind auch dann notwehrbegründend, wenn die 10-minütige Mindestschwelle für die Tatbestandserfüllung des § 99 StGB nicht erfüllt ist.[126]

Fuchs verneint die Notwehrsituation bei Angriffen auf die Freiheit der Willensentschließung, weil solche Angriffe keine Änderung im tatsächlichen Herrschaftsbereich des Bedrohten herbeiführen. Solche Angriffe sind eher mit solchen Angriffen auf Persönlichkeitsrechte, wie der Ehre zu vergleichen.[127] Für *Lewisch* hingegen ist die Willensentscheidungsfreiheit notwehrfähig, da die Drohung als Angriff auf die Willensentschließungsfreiheit auch Tatbegehungsmittel der Freiheitsentziehung gem § 99 StGB ist. Zusätzlich stützt er sich auf den exakten Wortlaut des § 3 StGB, der keine Einschränkung auf die Bewegungsfreiheit macht.[128]

Vom Freiheitsbegriff des § 3 StGB ist laut *Steininger* jede Beeinträchtigung der sexuellen Selbstbestimmung erfasst.[129] *Lewisch* hingegen sieht erst mit einem gleichzeitigen Angriff gegen ein notwehrfähiges Rechtsgut die Sexualsphäre als notwehrfähig an. Daher ist zB eine Vergewaltigung immer notwehrfähig, da die Freiheit des Opfers, sowie die körperliche Unversehrtheit und die Gesundheit angegriffen werden.[130]

---

[125] *Fuchs*, Notwehr 111f; *Lewisch*, WK² § 3 Rz 41f.

[126] *Steininger*, SK I § 3 Rz 28.

[127] *Fuchs*, Notwehr 116.

[128] *Lewisch*, WK² § 3 Rz 47.

[129] *Steininger*, SK I § 3 Rz 29.

[130] *Lewisch*, WK² § 3 Rz 48.

Das Hausrecht als solches ist kein notwehrfähiges Rechtsgut. Wer aber den Einritt in eine Wohnung mit Gewalt oder durch Drohung mit Gewalt erzwingt, (Hausfriedensbruch gem § 109 StGB) begründet dadurch einen Angriff auf die notwehrfähigen Rechtsgüter Freiheit und Vermögen. Schwierig hier ist die Abgrenzung zu jenem, der unberechtigt in einer Wohnung verweilt. Hier liegt kein Freiheitsangriff, sondern ein Angriff auf die Nutzungsfreiheit über das Vermögensgut Wohnung und somit eher ein Angriff auf das Vermögen vor.[131]

2.2.2. Notwehrhandlung

Liegt eine Notwehrsituation vor, darf sich der Angegriffene jener notwendigen Verteidigung mit dem gelindesten zur Verfügung stehenden Mittel bedienen, das geeignet ist, den Angriff zuverlässig und endgültig abzuwehren, den Angreifer aber am wenigsten schädigt.[132]

2.2.2.1. Verteidigung

Verteidigung ist die notwendige Abwehr gegen einen Angriff, die geeignet ist, die drohende Rechtsgutbeeinträchtigung zu verhindern.[133] Diese Abwehr kann sowohl passiv erfolgen (zB Vorhalten eines Messers, Parieren des Schlages), als auch aktiv (zB durch Schlag, Stich, Stoß oder auch Schuss), jeweils mit dem Ziel den Angreifer kampfunlustig zu machen bzw zu stoppen.[134] Auch eine Unterlassung als Verteidigungshandlung ist möglich, wenn der Angreifer nach zunächst gelungener Verteidigung den Angreifer im Stich lässt, um der sonst drohenden Fortsetzung des Angriffs zu entgehen.[135]

---

[131] *Steininger*, ÖJZ 1980, 227; *Lewisch*, WK^2 § 3 Rz 49f.

[132] *Steininger*, SK I § 3 Rz 49.

[133] *Steininger*, SK I § 3 Rz 44f.

[134] *Fuchs*, AT I^7 Kap 17 Rz 29f.

[135] *Fuchs*, Notwehr 122.

2.2.2.2. Notwendigkeit

2.2.2.2.1. Notwendigkeit zur Abwehr

§ 3 StGB verweist bezüglich der Abwehrhandlung auf die Notwendigkeit der Maßnahme im Zusammenhang mit dem rechtswidrigen Angriff. In das Merkmal der Notwendigkeit fließen direkt abgeleitet vom genannten Gesetzeswortlaut die gegensätzlichen Interessen der beteiligten Personen ein.[136] Aus der Sicht des Angegriffenen ist jene Handlung notwendig, welche den Angriff verlässlich abwehrt (Schutzprinzip). Aus der Sicht des Angreifers ist die Verteidigung dann nicht mehr notwendig, wenn dem Angegriffenen andere, gelindere Verteidigungsmaßnahmen zur Verfügung stehen (Verhältnismäßigkeitsprinzip).[137]

Für die Notwendigkeit der Verteidigungshandlung gilt ein objektiver Beurteilungsmaßstab. Notwendig ist daher jene Abwehr, die aus der Sicht ex ante, (dh es sind alle Umstände zu berücksichtigen, die im Zeitpunkt des Angriffes gegeben waren, auch dann, wenn sie erst nachträglich bekannt wurden) den Angriff sofort und zuverlässig beendet. Entscheidend ist hier die Notwendigkeit der Abwehrhandlung, nicht des Abwehrerfolges. Stürzt daher zB der Angreifer durch die gerechtfertigte Abwehrhandlung und verstirbt dabei unglücklich, ist die Abwehrhandlung trotzdem gerechtfertigt.

Steht dem Verteidiger nur eine Verteidigungsmöglichkeit offen, ist diese notwendig und zwingend gerechtfertigt.[138] Hat der Verteidiger jedoch mehrere Verteidigungsmöglichkeiten zur Auswahl, hat er jene Verteidigungsart zu wählen, die die geringsten Auswirkungen auf die Rechtsgüter des Angreifers hat. Der Verteidigende darf aber ein Mittel wählen, das ihn unbedingt überlegen macht. Der Angegriffene braucht sich also nicht auf ein Risiko einlassen, dass für die Abwehr zweifelhaft ist. Es ist daher zB nicht zwingend sich auf einen Faustkampf mit dem Angreifer einzulassen, wenn man weiß, dass man dadurch Verletzungen davon tragen könnte.[139] Ebenso kann vom

---

[136] *Steininger*, SK I § 3 Rz 47.

[137] *Kienapfel/Höpfel*, AT[13] Z 11 Rz 12.

[138] *Lewisch*, WK[2] § 3 Rz 93f.

[139] *Roxin*, AT I[4] § 15 G Rz 42f.

Verteidigenden nicht verlangt werden, dass er ein Verteidigungsmittel „graduell abgestuft" einsetzt. Der OGH hat es als lebensfremd eingestuft, zB nur „dosiert" zuzustechen bzw dem Angreifer zuerst nur kleine Verletzungen zuzufügen, und dann eine Stufenfolge bis zum Töten des Angreifers einzuhalten.[140] Der Angegriffene ist folglich nicht gezwungen, sich den Angriff durch Flucht zu entziehen. Dies wäre nämlich als eine Beeinträchtigung des notwehrfähigen Rechtsguts Freiheit.[141]

Für die Beurteilung der Wirksamkeit einer Verteidigungshandlung ist die Art, Wucht und Intensität des Angriffs von Bedeutung. Die voraussichtliche Wirkung einer Abwehrhandlung hängt auch von den körperlichen Kräfteverhältnissen, dem Vorverhalten des Angreifers, sowie dessen gewalttätigen Charakterzug ab.[142]

Nicht abschließend geklärt ist die Frage, wie ein Irrtum über ein gelinderes Abwehrmittel zu beurteilen ist. Übersieht der Verteidiger ein gelinderes zur Verfügung stehendes Abwehrmittel, ist er dennoch nach § 3 StGB gerechtfertigt.[143] Nach *Triffterer* stehen dem Verteidiger nur solche Mittel zur Verfügung, die „aus der Sicht des Verteidigers auch erkennbar waren." Es kommt daher nicht auf die tatsächliche Sachlage an.[144] Konsequenz dieser Ansicht ist, dass § 8 StGB (Irrtum über einen rechtfertigenden Sachverhalt) auf die Notwehr zu beschränken ist.[145] Nach *Roxin* ist der Verteidiger nach dem entsprechenden Fahrlässigkeitsdelikt zu bestrafen, wenn der Verteidiger das gelindere Abwehrmittel leichtfertig übersieht. Zu prüfen ist demnach hier, ob eine Person in der konkreten Angriffslage das gelindere Verteidigungsmittel erkannt hätte.[146]

---

[140] OGH 10 Os 182/80 JBl 1981, 444.

[141] *Engländer*, Nothilfe 277.

[142] *Fuchs*, Notwehr 127.

[143] Lewisch, WK² § 3 Rz 106.

[144] *Triffterer*, AT² Kap 11 Rz 67.

[145] Lewisch, WK² § 3 Rz 106; *Kienapfel/Höpfel*, AT¹³ Z 19 Rz 1ff.

[146] *Roxin*, AT I⁴ § 15 G Rz 45.

2.2.3. Subjektives Rechtfertigungselement

Die Lehre ist sich beim Vorliegen eines subjektiven Rechtfertigungsgrundes nicht einig. *Gropp, Triffterer, Lewisch, Steininger* verlangen als subjektives Rechtfertigungselement die Kenntnis der Notwehrsituation. Diese subjektive Voraussetzung entnehmen sie dem Begriff der „Verteidigung". Wer nämlich nicht weiß, dass er angegriffen wird, kann sich nicht verteidigen, sondern sich allenfalls rein zufällig gegen einen Angriff wehren.[147] *Kienapfel* hat lange Zeit zusätzlich einen Verteidigungswillen gefordert. Inzwischen vertritt aber auch er die Ansicht, dass das Wissen für das Vorliegen der Notwehrsituation genügt. Diese Ansicht vertritt auch die Rsp.[148] *Wessels/Beulke* sehen als Verteidigungswillen dagegen sehr wohl als Voraussetzung, dass zusätzlich zur Kenntnis der Notwehrsituation der Verteidigungswille gegeben sein muss. Die Notwehrlage muss den Täter zu seiner Handlung motiviert haben. Zusätzliche Motivationen, wie zB Hass, Rache, Wut etc schließen den Verteidigungswillen nicht aus, solange sie nur ein Begleitmotiv bilden und den Verteidigungswillen nicht in den Hintergrund drängen.[149]

2.3. Schranken der Notwehr

2.3.1. Allgemeines

Restriktionen der Notwehr ergeben sich in besonderen Fallkonstellationen, in denen wegen der Besonderheiten des Angriffs eine gewöhnliche Gegenwehr nicht zulässig ist, weil das Interesse der Rechtsbewährung in diesen Fällen sehr viel geringer ist.[150] Für eine Einschränkung der Notwehr kommen folgende Fallgruppen in Betracht:[151]

---

[147] *Gropp*, AT[3] § 6 Rz 90/91; *Triffterer*, AT[2] Kap 11 Rz 71ff; *Lewisch*, WK[2] § 3 Rz 146f; *Steininger*, SK I § 3 Rz 83ff.

[148] OGH 20.03.1980, 13 Os 32/80.

[149] *Wessels/Beulke*, Strafrecht Allgemeiner Teil Die Straftat und ihr Aufbau[36] (2006) § 8 Rz 350a.

[150] *Steininger*, SK I § 3 Rz 63.

[151] *Roxin*, AT I[4] § 15 H Rz 59.

2.3.1.1. Schuldunfähige oder wesentlich geminderte schuldunfähige Angriffe

Der hL zur Folge, ist gegen gewisse Personengruppen Notwehr zumindest nur beschränkt zulässig. Genaueres siehe oben 2.2.1.1.4.

2.3.1.2. Notwehrprovokation

Unter Notwehrprovokation werden jene Fälle erfasst, in denen der Angegriffene den Angriff durch ein bestimmtes, bewusstes Verhalten selbst ausgelöst hat. Da es „Aufgabe des Notwehrrechts ist, in einer Notsituation dem Verteidiger zur Abwehr der drohenden Rechtsgüterbeeinträchtigung ein Abwehrrecht bereitzustellen," muss sich daher aus der Funktion des Notwehrrechts eine Einschränkung für den Provokateur ergeben.[152]

Als Provokation idS kann man nur ein Verhalten ansehen, das rechtswidrig ist. Dies allein genügt aber noch nicht. Der Angriff muss sich als adäquate Reaktion auf das rechtswidrige Verhalten darstellen.[153] Man unterscheidet weiters zwischen Absichtsprovokation und sonstiger schuldhafter Provokation: Erstere liegt vor, wenn der Provokateur zielgerecht den anderen so lange anstachelt, bis dieser ihn angreift, um ihn dann unter Berufung auf die Notwehr verletzen zu können.[154] Die hM wie auch der OGH[155] versagen dem Absichtsprovokateur das Notwehrrecht wegen Rechtsmissbrauchs und bestrafen ihn wegen vorsätzlicher Schädigung des Angreifers.[156] *Bockelmann* gewährt dem Absichtsprovokateur hingegen das volle Notwehrrecht, weil durch eine Provokation dem Angriff nicht die Rechtswidrigkeit genommen wird. Daher dürfte der Angegriffene nicht schutzlos gelassen werden.[157] Andere wollen dem Provokateur eine Ausweichpflicht und eine Hinnahme leichter Beeinträchtigungen auferlegen, gestatten aber das Notwehrrecht, wenn das Ausweichen unmöglich ist bzw der Angreifer weit über die vom Provokateur geplante Verteidigungshandlung hinausgeht, dh wenn der Angreifer zB sofort

---

[152] *Lewisch*, WK² § 3 Rz 115; *Montenbruck*, Thesen zur Notwehr (1983), 41ff.

[153] *Kühl*, AT § 7 Rz 216ff.

[154] *Gropp*, AT³ § 6 Rz 94.

[155] LG Siegen IVStR 703/82 MDR 1983, 854.

[156] *Roxin*, AT I⁴ § 15 H Rz 59.

[157] *Renzikowski*, Notwehr 305f.

zur Pistole greift, der Provokateur hingegen einen Faustkampf provozieren wollte.[158] Nach anderer Ansicht sind die Fälle einer Absichtsprovokation mit Hilfe der actio illicita in causa zu lösen: Hierbei bleibt das Notwehrrecht bestehen, bestraft den Provokateur aber wegen der schuldhaften Herbeiführung der Notwehrlage als vorsätzlichen Täter des von ihm verursachten Erfolges.[159]

Eine sonstige schuldhafte Provokation liegt vor, wenn die Schwelle zur Absichtsprovokation nicht erreicht ist. Das Notwehrrecht ist hier Schranken unterworfen, aber nicht ausgeschlossen.[160] Der OGH hat einen derartigen Anwendungsbereich erst in einem einzigen Fall bejaht: In diesem Fall hat der später Verteidigende die Notwehrlage durch eine vorangehende eigene Messerattacke schuldhaft herbeigeführt und seinen Gegner, nachdem er von diesem zurückgeschlagen und misshandelt wurde, mit einem Messerstich getötet. Der OGH hat hier eine Verpflichtung zum Ausweichen angenommen.[161] Bei eskalierenden Streitigkeiten hingegen sieht der OGH keinen Grund das Notwehrrecht zu beschränken. Der OGH hat aus „kurzen gegenseitigen Beschimpfungen" und einer „handgreiflichen Auseinandersetzung" zwischen den Streitenden keine Einschränkung des Notwehrrechts für einen nachfolgenden Angriff abgeleitet.[162] Das Notwehrrecht ist bei einer unklaren Rollenverteilung zwischen Angreifer und Verteidiger ausgeschlossen. Demnach kann derjenige, der sich in eine Prügelei eingelassen hat sich nicht auf Notwehr berufen, wenn er den Kürzeren zieht und deshalb auf den Gegner mit einem Messer einsticht.[163]

2.3.4. Notwehrexzess

2.3.4.1. Allgemeines

Notwehrexzess bedeutet ein Handeln außerhalb der erlaubten Verteidigungshandlung des

---

[158] *Roxin*, AT I[4] § 15 H Rz 67.
[159] *Roxin*, AT I[4] § 15 H Rz 68; *Triffterer*, AT[2] Kap 11 Rz 92.
[160] *Steininger*, SK I § 3 Rz 80.
[161] OGH 13 Os 158/77 EvBl 1978/45.
[162] OGH 14 Os 69,70/90 JBl 1981, 196.
[163] BGH 08.05.1990, 5 StR 106/90.

§ 3 Abs 1 StGB. Dh es liegt ein Handlungsexzess bei gegebener Notwehrlage vor. Überschreitet der Verteidiger das Maß des zur Abwehr Notwendigen, liegt ein sog intensiver Notwehrexzess vor. Aus dieser Handlung wird dann ein rechtswidriger Angriff, gegen den wieder Notwehr zulässig ist. Überschreitet der Verteidiger hingegen die zeitlichen Grenzen der Notwehrhandlung, liegt ein sog extensiver Notwehrexzess vor.[164]

2.3.4.2. Entschuldbare Notwehrüberschreitung nach § 3 Abs 2 StGB

Überschreitet der Verteidiger das Maß der Notwehr, ist er nur strafbar, wenn dies lediglich aus Bestürzung, Furcht oder Schrecken (sog asthenischer Affekt) geschieht und soweit ein der Handlung entsprechendes Fahrlässigkeitsdelikt vorhanden ist und die Überschreitung auf Fahrlässigkeit beruht.[165] Im Unterschied zur Notwehr als Rechtfertigungsgrund handelt es sich daher beim Notwehrexzess gem § 3 Abs 2 StGB um einen Entschuldigungsgrund.[166] Geschah hingegen die Notwehrüberschreitung aus anderen Gründen, insb Zorn, Rache, Hass, Empörung, Eifersucht (sog sthenischer Affekt) ist der Verteidigende nicht entschuldigt und ist wegen vorsätzlicher Tat zu bestrafen.[167]

2.3.4.3. Putativnotwehr bzw Putativnotwehrexzess

Ein Putativnotwehr- bzw Putativnotwehrexzess liegt vor, wenn jemand irrtümlich glaubt angegriffen zu werden und dabei die auch bei bestehender Notwehrlage erlaubten Grenzen der Verteidigungshandlung überschreitet.[168] § 3 Abs 2 StGB ist analog anzuwenden, wenn der Täter irrtümlich eine Notwehrlage annimmt und die Abwehrüberschreitung aus Bestürzung, Furcht oder Schrecken erfolgt. Er ist dann hinsichtlich eines Vorsatzdeliktes entschuldigt. Er bleibt aber wegen fahrlässiger Begehung strafbar, wenn es ein entsprechendes Fahrlässigkeitsdelikt gibt und die Verteidigungsüberschreitung auf

---

[164] *Gropp*, AT³ § 6 Rz 82f; *Kienapfel/Höpfel*, AT¹³ Z 11 Rz 22.

[165] OGH 15 Os 127/87 JBl 1988, 330.

[166] *Steininger*, SK I § 3 Rz 104; OGH 14 Os 110/92 JBl 1994, 556.

[167] *Kienapfel/Höpfel*, AT¹³ Z 11 Rz 22a; OGH 08.03.1983, 10 Os 37/83.

[168] *Steininger*, Der Putativnotwehrexzess, ÖJZ 1977, 747; *Erb*, Münchner Kommentar zum Strafgesetzbuch I § 32 (2003) Rz 218ff.

Fahrlässigkeit beruht.[169] Da Putativnotwehr nur entschuldigend ist, ist dagegen Notwehr bzw Nothilfe zulässig.[170]

2.3.5. Weitere Sonderfragen

2.3.5.1. Automatisierte Abwehr

Automatisierte Abwehr in Form von Selbstschutzanlagen (scharfe Hunde, Selbstschussanlagen, Fußangel, Giftköder) ist gerechtfertigt, wenn die Notwendigkeit der Abwehrmaßnahme in concreto gegeben ist. Ist ein rechtswidriger Angriff gegeben, kann die „Verteidigungsmaßnahme" gerechtfertigt sein, wenn sie nach den tatsächlichen Umständen „notwendige Abwehr" war.[171] Verletzt sich aber eine Person zufällig an diesen Selbstschutzanlagen, trägt derjenige das Risiko, der sich solcher Mittel bedient.[172]

2.3.5.2. Fahrlässige Verteidigungshandlungen

Eine fahrlässige Rechtsgutbeeinträchtigung des Angreifers ist gerechtfertigt, wenn auch eine vorsätzliche Handlung zulässig gewesen wäre. Es ist daher zB ein irrtümlich treffender Warnschuss gerechtfertigt, wenn auch ein gezielter Schuss zulässig gewesen wäre. Eine fahrlässige Beeinträchtigung ist auch dann gerechtfertigt, wenn sie Nebenfolge einer in concreto rechtmäßigen Verteidigungshandlung war.[173]

2.4. Ausschluss der Notwehr

2.4.1. Bagatellnotwehr

---

[169] *Fuchs*, AT I[7] Kap 24 Rz 34.
[170] OGH 30.11.1978, 13 Os 29/79.
[171] *Triffterer*, AT[2] Kap 11 Rz 53.
[172] *Roxin*, AT I[4] § 15 G Rz 51; *Lewisch*, WK[2] § 3 Rz 130.
[173] *Lewisch*, WK[2] § 3 Rz 128.

2.4.1.1. Allgemeines

Gem § 3 Abs 1 Satz 2 StGB ist trotz Vorliegen einer Notwehrsituation die Verteidigungshandlung ausgeschlossen, „wenn es offensichtlich ist, dass dem Angegriffenen bloß ein geringer Nachteil droht und die Verteidigung, insb wegen der Schwere der zur Abwehr nötigen Beeinträchtigung des Angreifers unangemessen ist.[174] Dieser Ausschluss beruht auf dem Gedanken des Rechtsmissbrauchs und schreibt demnach bei geringen Nachteilen eine Güterabwägung vor, die es ansonsten im Notwehrrecht nicht gibt.[175]

2.4.1.1.1. Voraussetzungen

2.4.1.1.2. Geringer Nachteil

Erste Voraussetzung für die Bagatellnotwehr ist, dass nur ein geringer Nachteil droht. Dieser Nachteil darf noch nicht eingetreten sein. Im Bereich der Vermögensdelikte lehnt sich die hM an § 141 StGB (Entwendung) an. Daraus ergibt sich eine Grenze von ca 100 Euro. *Lewisch* hebt diese Grenze auf 250 Euro an. Für Bagatellkörperverletzungen liegt die Grenze bei einer dreitägigen Heilungsdauer, anlehnend an § 88 Abs 2 Z 4 StGB (Fahrlässige Körperverletzung). Das Rechtsgut Leben kann natürlich nie als gering angesehen werden. Mit dem Begriff Nachteil sind die unmittelbar aus dem Angriff drohenden Beeinträchtigungen und nicht mittelbare Folgen des Angriffs zu verstehen.[176]

2.4.1.1.3. Offensichtlichkeit

Es muss offensichtlich sein, dass ein geringer Nachteil droht und die Verteidigung deshalb unangemessen wäre. Dh der geringe Nachteil muss in einer objektiven Betrachtung ex ante für jedermann leicht auf den ersten Blick erkennbar sein.[177] Bei der Notwehr (Nothilfe) wird hingegen die Verhältnismäßigkeit zwischen dem angegriffenen Rechtsgut und dem

---

[174] OGH 10.09. 1986, 9 Os 121/86.

[175] *Kienapfel/Höpfel*, AT[13] Z 11 Rz 26.

[176] *Lewisch*, WK[2] § 3 Rz 138ff.

[177] *Steininger*, SK I § 3 Rz 95.

durch die Gegenwehr verletzten Rechtsgut dann nicht gefordert, wenn es nicht offensichtlich ist, dass dem Angegriffenen bloß ein geringer Nachteil droht und die Verteidigung, insb wegen der Schwere der zur Abwehr nötigen Beeinträchtigung des Angreifers unangemessen ist.[178]

2.4.1.1.4. Angemessenheit

Bei der Prüfung der Angemessenheit ist eine Güter- und Interessenabwägung vorzunehmen. Die Beeinträchtigung des Angreifers durch die Verteidigungshandlung darf nicht unangemessen im Verhältnis zum drohenden Nachteil stehen.[179] Unangemessen ist die Vereidigungshandlung dann, „wenn bei vernünftiger Würdigung die Aufopferung des einen Rechtsgutes zum Schutze des anderen als nicht mehr vertretbar erscheine."[180]

2.4.2. Art 2 EMRK (Recht auf Leben)

Gem Art 2 EMRK ist die absichtliche Tötung eines Menschen grundsätzlich nicht zulässig und stellt somit eine Verletzung der Menschenrechte dar. Die Tötung eines Menschen ist gem Art 2 Abs 2 lit a nur dann zulässig, wenn die Tötung unbedingt erforderlich ist, um die Verteidigung eines Menschen gegenüber rechtswidriger Gewaltanwendung sicherzustellen. Dadurch wird ausgedrückt, dass ein Menschenleben nicht zur Rettung anderer Rechtsgüter wie Eigentum hingegeben werden darf. In Österreich hat diese Ansicht in § 7 WaffGG eine Regelung gefunden: Demnach ist der mit Lebensgefährdung verbundene Gebrauch einer Waffe gegen Menschen zulässig, „im Falle gerechter Notwehr zur Verteidigung eines Menschen."[181] *Engländer* verneint eine Einschränkung der Notwehr bzw Nothilfe, weil der Staat dadurch seine Schutzpflicht gegenüber Rechtsgütern missachten würde. Er sieht den Angegriffen nicht als schutzbedürftig an, weil sich dieser durch sein rechtswidriges Handeln aus eigenem Verschulden in Lebensgefahr begibt.[182]

---

[178] OGH 10.09.1986, 9 Os 117/86.

[179] *Steininger*, SK I § 3 Rz 96.

[180] *Triffterer*, AT² Kap 11 Rz 82.

[181] OGH 13.09.1984, 12 Os 110/84.

[182] *Engländer*, Nothilfe 355.

3. Kapitel: Die Nothilfe

3.1. Die Funktion der Nothilfe

Bei der Frage nach dem Sinn der Nothilfe ist von zwei Aspekten auszugehen: Erstens geht es um die Funktion bzw dem geschützten Objekt der Nothilfe, dh was verteidigt der Nothelfer? Zugleich geht es aber auch um den Legitimationsgrund, dh warum darf der Nothelfer überhaupt verteidigen? Hierbei lassen sich drei Ansichten vertreten: Nach einer Ansicht dient § 3 StGB zur Verteidigung der Rechtsordnung (Rechtsbewährung bzw Rechtsbewahrung). Hierbei bleibt der Schutz der Rechtsgüter des Angegriffenen außer Betracht.[183] *Renzikowski* formuliert dies so: „Auf das aber, was der einzelne Angegriffene will, kommt es gar nicht an, sondern auf das, was die Allgemeinheit will, wenn sie das Notwehrrecht gewährt" (überindividualistische Begründung).[184] Der zweiten Ansicht zur Folge, geht es um eine Verteidigung der Rechtsordnung und der Individualgüter des Angegriffenen (dualistische Begründung).[185] Schließlich sieht die dritte Auffassung, dass die ratio der Nothilfe nur in der Verteidigung der Rechtsgüter des Angegriffenen liegt (individualistische Begründung).[186]

3.1.1. Nothilfe als Verteidigung der Rechtsordnung

Bei der „überindividualistischen Ansicht muss erstens die Rechtsordnung taugliches Objekt der Verteidigung sein, zum anderen, muss der Zweck der Rechtsbewährung die weitgehenden Eingriffsbefugnisse dieser Norm auch rechtfertigen."[187]

Hierbei werden drei Ansichten vertreten: „Die Verteidigung der normativen Geltung der Rechtsordnung, die Verteidigung der empirischen Geltung der Rechtsordnung und die Verteidigung der Rechtsidee."[188]

---

[183] *Haas,* Notwehr 143ff.

[184] *Renzikowski,* Notwehr 79f.

[185] *Gropp,* AT³ § 6 Rz 71.

[186] *Fuchs,* Notwehr 58ff.

[187] *Engländer,* Nothilfe 7.

[188] *Engländer,* Nothilfe 7f.

Nach der Verteidigung der normativen Geltung der Rechtsordnung enthält jede Rechtsordnung zwei Arten von Normen: zum einen Verhaltensnormen, die ein Verhalten gebieten, zum anderen Sanktionsnormen, die im Falle des Nichtbefolgens der Verhaltensnormen eine Sanktion statuieren. Ein rechtswidriger Angriff stellt ein Zuwiderhandeln gegen die Verhaltensnorm und daher, weil eine Verhaltensnorm Bestandteil der Rechtsordnung ist, liegt ein Verstoß gegen die gesamte Rechtsordnung bzw Normensystem vor.[189]

Mit der Ansicht der Verteidigung der empirischen Geltung der Rechtsordnung wird die Wirksamkeit von Normen bezeichnet. Die Vertreter dieser Ansicht sehen eine Gefährdung der Steuerungskraft der Verhaltensnormen durch getätigte, rechtswidrige Handlungen. Durch die Erlaubnis in Notwehr bzw Nothilfe handeln zu dürfen, werden daher die Verhaltensnormen und damit die empirische Geltung der Rechtsordnung verteidigt.[190] Strittig ist die Ansicht, was unter der empirischen geltenden Rechtsordnung zu verstehen ist. Nach *Schmidhäuser* soll es um die Rechtsordnung „als in der Gesellschaft lebendige" gehen und nicht „als staatlich gesetzte".[191] *Engländer* stellt sich nun die Frage, wie durch die Abwehr eines rechtswidrigen Angriffs die empirische Geltung der Rechtsordnung verteidigt wird. Hier könnte man die Abwehr als Durchsetzung der Verhaltensnormen verstehen. *Engländer* kann aber diese Ansicht nicht vertreten, da es durch die Abwehrhandlung zu keiner Normbefolgung, sondern zu einem aufgezwungenen Verhalten kommt.[192] Für *Roxin* dient die Notwehr und Nothilfe dazu, zu einer künftigen Normenbefolgung beizutragen. Er geht daher von einer generalpräventiven Wirkung von Notwehr bzw Nothilfe aus, weil „durch die Abwehr des Angriffs potentiellen anderen Rechtsbrechern gezeigt wird, dass man nicht ohne Risiko jemanden rechtswidrig angreifen kann. Die Überlegung, dass einem Angreifer vom Angegriffenen und jedem ihm zu Hilfe Eilenden Schäden drohen, die möglicherweise weit größer sind als die vom Angreifer ausgehende Gefahr und der von ihm erstrebte Vorteil, ist ganz allgemein geeignet, von Angriffen abzuschrecken und die Rechtstreue der Bevölkerung zu

---

[189] *Engländer*, Nothilfe 9f.

[190] *Engländer*, Nothilfe 13; *Koller*, Theorie des Rechts[2] (1997) 41ff.

[191] *Schmidhäuser*, Über die Wertstruktur der Notwehr, in FS Richard M. Honig (1970) 194.

[192] *Engländer*, Nothilfe 14f.

stabilisieren."[193] Nach *Haas* dient Notwehr bzw Nothilfe der Spezialprävention. Er sieht in Notwehr bzw Nothilfe ein gewisses Maß an abschreckender Wirkung, weil für den Angreifer die tatsächliche Gefahr besteht von der Polizei oder auch von einer Privatperson angegriffen zu werden.[194]

Nach Ansicht von *Courakis* „wird durch das Notwehrrecht die Rechtsidee als solche verteidigt".[195] Der Begriff Rechtsidee ist hier mit jenem der Gerechtigkeitsidee gleichzustellen, der zwingend notwendig für eine funktionierende Gesellschaft ist.[196] *Radbruch* zur Folge „verlangt die Rechtsidee auch ihre Verwirklichung, was mit Hilfe der Instrumente Notwehr bzw Nothilfe verfolgt werden kann."[197]

Für *Engländer* und *Fuchs* sind die genannten Theorien aber mit dem Gesetzeswortlaut nicht vereinbar. Nach § 3 StGB ist der Verteidigende nämlich berechtigt sich einer Verteidigung zu bedienen, die notwendig ist, um die genannten Rechtsgüter des Einzelnen zu schützen und nicht die Rechtsordnung.[198] *Roxin* sieht ebenfalls in der Wortfolge des § 32d StGB „ein anderer" einen Widerspruch zu den genannten Theorien. Demnach kann unter einem „anderen" nicht die Allgemeinheit verstanden werden.[199]

3.1.1.1. Die Begründbarkeit der Verteidigungsbefugnis

„Die Vertreter der überindividualistischen Ansicht müssen folglich darlegen können, dass das Ziel der Rechtsbewährung die Eingriffsbefugnisse aus § 3 StGB rechtfertigt. Hierzu werden zwei Argumente vorgebracht: das Unrechtsargument und das Gewichtigkeitsargument."[200]

---

[193] *Roxin,* „Sozialethische Einschränkungen" des Notwehrrechts, ZStW 1981, 74.

[194] *Haas,* Notwehr und Nothilfe[2] (1978) 155.

[195] *Courakis,* Zur sozialethischen Begründung der Notwehr: die sozialethnischen Schranken des Notwehrrechts nach deutschem und griechischem Strafrecht (1978) 45.

[196] *Courakis,* Begründung 51f.

[197] *Radbruch,* Grundzüge der Rechtsphilosophie[3] (1932) 4.

[198] *Engländer,* Nothilfe 19; *Fuchs,* Notwehr 49.

[199] *Roxin,* AT I[4] § 15 A Rz 1.

[200] *Engländer,* Nothilfe 22.

3.1.1.1.1. Unrechtsargument

Dem Unrechtsargument zufolge, gilt die *Bernersche* Formel „das Recht dem Unrecht nicht weichen müsse," weil die Rechtsordnung nicht funktionieren könnte, wenn sie Unrecht zuließe. *Engländer* vertritt diese Ansicht nicht, weil die Formel nur eine Behauptung aufstelle, der eine Begründung fehle. Denn aus strafrechtlicher Sicht sei ja nur jene Verteidigung zulässig, die erforderlich ist, um einen gegenwärtigen, rechtswidrigen Angriff abzuwehren. Bei Notwehrexzess liegt ebenfalls ein rechtswidriger Angriff gegen einen anderen vor.[201] Aus rechtsphilosophischer Sicht gilt das Unrechtsargument ebenfalls als verfehlt, weil Unrecht als Negation des Rechts ein nichts ist. Die Verteidigung dient vielmehr der Wiederherstellung des Rechts und ist daher geboten, deshalb wird die Rechtsordnung nicht beeinträchtigt.[202]

3.1.1.1.2. Das Gewichtigkeitsargument

Das Gewichtigkeitsargument sieht die Rechtsordnung als höchstes Gut an und ist daher den Rechtsgütern des Einzelnen vorrangig. Daher muss jeder befugt sein, die Rechtsordnung verteidigen zu dürfen.[203] *Engländer* sieht dieses Argument ebenfalls nicht als überzeugend an, weil hier der verfassungsrechtlich verankerte Verhältnismäßigkeitsgrundsatz vernachlässigt werde, welcher besagt, dass eine Gegenabwehr nicht nur geeignet, erforderlich, sondern auch angemessen sein muss.[204] Außerdem bringt *Engländer* gegen das Gewichtigkeitsargument vor, dass durch einen rechtswidrigen Angriff nicht die empirische Geltung der Rechtsordnung insgesamt gefährdet werde, sondern lediglich die Kontrolle bestimmter Verhaltensnormen.[205]

3.1.2. Nothilfe als Verteidigung der Individualgüter

Wie bereits oben erwähnt, entspricht die Auffassung, dass die Notwehr bzw Nothilfe dem Schutz der rechtlich anerkannten Rechtsgüter entspricht ideal dem Wortlaut des § 3 StGB.

---

[201] *Engländer*, Nothilfe 22ff.

[202] *Renzikowski*, Notwehr 80.

[203] *Schmidhäuser*, in Honig 194.

[204] *Engländer*, Nothilfe 25.

[205] *Engländer*, Nothilfe 27.

3.1.2.1. Die Begründbarkeit der Verteidigungsbefugnis

Zur Beantwortung der Frage, wie sich diese Verteidigungsbefugnis rechtfertigen lässt, sind mehrere Argumente heranzuführen:

3.1.2.1.1. Der Selbsterhaltungstrieb

Der Selbsterhaltungstrieb rechtfertige die Notwehr- bzw Nothilfehandlung mit dem natürlichen Recht des Einzelnen an der eigenen Selbsterhaltung. Dieses Argument darf aber nicht zu weit ausgelegt werden. Auf den Selbsterhaltungstrieb soll man sich nur stützen können, wenn es um die Wahrung der höchsten Rechtsgüter, nämlich Leib und Leben geht. Ansonsten könne beinahe jedes menschliche Verhalten aus dem Selbsterhaltungstrieb abgeleitet werden, was dann oft zu Schutzbehauptungen führen würde.[206]

3.1.2.1.2. Das Vergeltungstrieb

Der Vergeltungstrieb sei als Argument abzulehnen, weil es bei Vergeltung um einen Ausgleich für bereits Geschehenes geht. Als Voraussetzung für Notwehr bzw Nothilfe muss der Angriff aber unmittelbar drohen oder gegenwärtig sein.[207]

3.1.2.1.3. Das Pflichtenargument

Dem Pflichtenargument zur Folge, sei eine Person gegenüber einer anderen nur so lange an Verhaltensnormen gebunden, als diese selbst sich an diese Normen haltet. Dieses Argument sei ebenfalls abzulehnen, weil der Angegriffene dann jede beliebige Verteidigungsmaßnahme wählen dürfte. Eine rechtmäßige Notwehr bzw Nothilfehandlung muss aber angemessen sein.[208]

---

[206] *Haas*, Nothilfe² 195.

[207] *Haas*, Nothilfe² 197ff.

[208] *Engländer*, Nothilfe 57ff.

3.1.2.1.4. Der Verwirkungsgedanke

Der Verwirkungsgedanke besagt, dass der Angreifer aufgrund seiner Handlungsweise den Schutz verliert, den ihm die Rechtsordnung grundsätzlich gewähren würde.[209]

3.1.2.1.5. Das Prinzip der Vertragsstrafe

Schließlich sei eine individualistische Deutung der Nothilfe dadurch möglich, dass man den Rechtsverlust wie die Verwirkung einer Vertragsstrafe auffasst, nämlich als Sanktion einer übernommenen Verpflichtung, wodurch einem Vertragspartner bei Vertragsbruch zur Durchsetzung seiner Rechte andere Möglichkeiten gegeben werden. Der Angreifer verletzt nämlich durch seine Handlung sein Vertragsverhältnis zu allen Bürgern und entzieht sich somit einer friedlichen, funktionierenden Gemeinschaft. Der Angreifer gefährdet durch seine Handlung nicht nur den Angegriffenen, sondern die ganze Gattung. Daher dürfe auch jedermann gegen diese Störenfriede der Gesellschaft vorgehen.[210]

3.2. Die Gebundenheit der Nothilfe

Die Gebundenheit der Nothilfe, dh deren Beachtlichkeit eines der Nothilfe entgegenstehenden Willens ist in der Lehre nicht einheitlich geregelt. Es stellen sich insb zwei strafrechtswissenschaftlich äußerst interessante Fragen: „Wann liegt überhaupt ein entgegenstehender Wille vor? Und welche Umstände könnte es geben, unter denen dieser Wille unbeachtlich ist?

3.2.1. Das Vorliegen eines der Nothilfe entgegenstehenden Willens

Für das Vorliegen eines der Nothilfe entgegenstehenden Willens ist erstens erforderlich, dass der Angegriffene es wollen muss, dass ihm nicht geholfen wird." [211] ZB ist dies gegeben, wenn ein Pazifist lieber die drohende Rechtsgutsverletzung hinnehmen würde,

---

[209] *Haas*, Nothilfe² 182.

[210] *Mayer*, Strafrecht 253f; *Haas*, Nothilfe² 190f.

[211] *Engländer*, Nothilfe 101.

als das gegen den Angreifer Gewalt angewendet wird.[212] *Seier* differenziert weiters zwischen einem Nothilfeverzicht und einem Nothilfeverbot. Diese Differenzierung ist zB notwendig, wenn der Angegriffene nur aus Sorge um den Dritten die Nothilfe nicht wünscht. „Nur beim Nothilfeverbot lehnt der Angegriffene tatsächlich die Nothilfe ab."[213] Der Angegriffene möchte den Nothelfer zur unterlassenen Hilfeleistung verpflichten. Beim Nothilfeverzicht ist die Intention des Angegriffenen nicht die Nothilfe zu untersagen, sondern er möchte den Nothelfer lediglich von seiner Beistandspflicht entbinden. Leistet der Nothelfer trotz Vorliegens eines Nothilfeverbots die Verteidigung gegenüber dem Dritten, liegt aufgedrängte Nothilfe vor.[214]

Für *Engländer* liegt zusätzlich ein Nothilfeverbot vor, wenn zB der Angegriffene sich selbst verteidigen möchte, weil er seine Ehre schützen möchte, wenn er eine starke Abneigung gegenüber dem Nothelfer hat oder wenn der Angegriffene ein größeres Aufsehen unbedingt vermeiden möchte.[215]

Zweitens ist für das Vorliegen eines der Nothilfe entgegenstehenden Willens die Erklärung des Willens zu betrachten: Wesentlich ist die Betrachtung, wenn der Angegriffene falsch verstanden wird oder sich verredet. Nun gilt entweder das tatsächlich Gewollte oder fälschlich Gesagte. Da der Empfänger (außer der Empfänger erkennt den Irrtum) nur aus der Aussage des Angegriffenen schließen kann, was dieser möchte, ist der Erklärende auch für das fälschlich Geäußerte rechtlich verantwortlich.[216]

Zusätzlich ist der Fall zu betrachten, wenn der Angegriffene weder ausdrücklich seine Zustimmung noch seine Ablehnung bekannt gibt. Es kommen hier vier Lösungsmöglichkeiten in Betracht: „Die nothilfefeindliche Lösung, nothilfefreundliche Lösung, Willensrichtungslösung und die Mutmaßlichkeitslösung."[217] Die nothilfefeindliche Lösung sieht eine Ablehnung des Angegriffenen vor, wenn dieser nicht

---

[212] *Engländer*, Nothilfe 101.

[213] *Engländer*, Nothilfe 102.

[214] *Seier*, Umfang und Grenzen der Nothilfe im Strafrecht, NJW 1987, 2480ff.

[215] *Engländer*, Nothilfe 104.

[216] *Engländer*, Nothilfe 106.

[217] *Engländer*, Nothilfe 106.

ausdrücklich oder konkludent zur Verteidigungshandlung auffordert.[218] Der nothilfefreundlichen Lösung zur Folge ist es notwendig, dass der Angegriffene seine Ablehnung ausdrücklich oder konkludent bekannt gibt.[219] Die Willensrichtungslösung stellt hingegen auf den inneren Willen des Angegriffenen ab[220] und die Mutmaßlichkeitslösung auf erkennbare Indizien, die auf seinen Willen hinweisen.[221]

Die nothilfefreundliche Lösung, wie die nothilfefeindliche Lösung haben zur Folge, dass das tatsächlich Gewollte des Angegriffenen höchstwahrscheinlich verfehlt wird. Die Willensrichtungslösung ist abzulehnen, weil der Nothelfer den tatsächlichen inneren Willen des Angegriffenen äußerlich nicht erkennen kann. Die Mutmaßlichkeitslösung, die sich aus den sonstigen Interessen des Angegriffenen, seinen Wünschen und Einstellungen ergibt bzw bei Fehlen dieser Indizien ist danach zu entscheiden, was eine vernünftige dritte Person in der konkreten Situation wollen würde, ist am ehesten heranzuziehen.[222]

3.2.2. Die Beachtlichkeit eines entgegenstehenden Willens

In der Lehre uneinheitlich geregelt ist die Beachtlichkeit eines entgegenstehenden Willens. Der hM zur Folge geht das Nothilferecht nur so weit, wie der Angegriffene selbst verteidigt werden will.[223] *Roxin* befürwortet dies mit dem Prinzip des Individualschutzes: Fällt demnach das schutzbedürftige Individualrechtsgut weg, hat der Nothelfer kein Verteidigungsrecht mehr.[224] Die Grenze hierbei liegt für *Roxin* dort, wo der Angegriffene nicht über das Rechtsgut verfügen kann, was zB bei Tötung auf Verlangen (§ 77 StGB) vorliegt. Hier ist der Wille des Opfers unbeachtlich und Nothilfe daher zulässig.[225] Zust

---

[218] *Himmelreich*, Nothilfe und Notwehr: insbesondere zur sog. Interessenabwägung, MDR 1967, 366.

[219] *Krey*, Deutsches Strafrecht Allgemeiner Teil I³ (2008) Rz 523.

[220] *Rönnau*, Voraussetzungen und Grenzen der Einwilligung im Strafrecht, Jura 2002, 666.

[221] *Seeberg*, Aufgedrängte Nothilfe, Notwehr und Notwehrexzess (2005) 156.

[222] *Engländer*, Nothilfe 110f.

[223] *Roxin*, AT I⁴ § 15 J Rz 116; *Kienapfel/Höpfel*, AT¹³ Z 12 Rz 29; *Renzikowski*, Notwehr 296; *Erb*, MK I § 32 Rz 164; *Lenckner/Perron*, Strafgesetzbuch Kommentar²⁷ § 32 Rz 25f.

[224] *Roxin*, AT I⁴ § 15 J Rz 116.

[225] *Roxin*, AT I⁴ § 15 J Rz 119.

bejaht *Roxin* die Zulässigkeit der Nothilfe, wenn der Wille des Opfers nicht erforscht werden kann, weil der Nothelfer schnell handeln muss, um das Rechtsgut zu schützen.[226]

Andere Lehrmeinungen gewähren die Nothilfe auch gegen den Willen des Angegriffenen in vollem Umfang, weil durch einen entgegenstehenden Willen des Angegriffenen sich nichts am Vorliegen der gesetzlichen Voraussetzungen für die Nothilfe ändert. Es bleibt demnach bei einem rechtswidrigen Angriff. Das Gesetz (§ 3 StGB) regelt kein abgeleitetes Recht des Angegriffenen, sondern erklärt die Verteidigung, die notwendig ist, um einen drohenden rechtswidrigen Angriff auf ein notwehrfähigen Rechtsgut von einem anderen abzuwehren, für gerechtfertigt.[227]

3.3. Nothilfe und staatliche Gefahrenabwehr

Die notwehr- bzw nothilfefähigen Rechtsgüter des Einzelnen sind auch Schutzgegenstände polizeilicher Befugnisse.[228] Zu Abgrenzungsschwierigkeiten kann es natürlich nur dann kommen, wenn staatliche Abwehrmaßnahmen (insb Polizei) auch präsent sind. Stehen auf der Seite der Verteidigung nur Private, kann natürlich nicht auf die Inanspruchnahme fremder Nothilfe verwiesen werden.[229] „Zwei Problemstellungen zwischen privater Nothilfe und staatlicher präsenter Gefahrenabwehr stehen im Mittelpunkt nachfolgender Analyse: Das Konkurrenzverhältnis und die Reichweite der Abwehrbefugnisse."[230]

3.3.1. Die Konkurrenz privater und staatlicher Abwehrmaßnahmen

Für ein Gleichrangigkeitsverhältnis argumentiert *Schmidhäuser*: „Die Eingriffsbefugnis der Notwehr kann ... nicht vom Fernsein staatlicher Organe abhängen. ... Gewiss kann in den meisten Notwehr- bzw Nothilfelagen staatliche Gewalt gar nicht zugegen sein; aber selbst dann, wenn sie im Einzelfall zugegen ist, verdrängt kein staatliches Monopol die

---

[226] *Roxin*, AT I⁴ § 15 J Rz 120.

[227] *Lewisch*, WK² § 3 Rz 133; *Steininger*, SK I § 3 Rz 101; *Triffterer*, AT² Kap 11 Rz 98.

[228] *Schenke*, Polizei- und Ordnungsrecht⁶ (2009) § 3 Rz 53.

[229] *Haas*, Nothilfe² 279.

[230] *Engländer*, Nothilfe 153.

Jedermann-Notwehrbefugnis, solange der Angriff noch nicht abgewendet wird." Nach Ansicht *Schmidhäusers* kann der Angegriffene bzw der Nothelfer selbst zur notwendigen Verteidigung greifen und muss nicht auf staatliche Abwehrmaßnahmen warten bzw diesen Vorrang einräumen.[231] Für diese Ansicht spricht der genaue Wortlaut des § 3 StGB, aus diesem nämlich keine Subsidiarität privater Handlungen zu entnehmen ist.

Für *Fuchs* gibt es keine allgemeine Nachrangigkeit privater Nothilfe gegenüber staatlicher Gefahrenabwehr, sondern eine Subsidiarität kann sich nur aus allgemeinen Prinzipien der Notwehr bzw Nothilfe selbst ableiten. Demnach hat eine Notwehr- bzw Nothilfemaßnahme zu unterbleiben, wenn verfügbare staatliche Gefahrenabwehr als ein milderes Mittel zur Verfügung steht. Für *Fuchs* kann eine allgemeine Pflicht zum Herbeiholen staatlicher Gefahrenabwehr aus den Grundprinzipien der Notwehr bzw Nothilfe, insb der gerechtfertigten, notwendigen Verteidigung gegen einen gegenwärtigen oder unmittelbar drohenden Angriff nicht abgeleitet werden.[232] AA: Grundsätzlich besteht zwar keine Pflicht zur Herbeiholung staatlicher Gefahrenabwehr, sieht aber eine Ausnahme für den Fall, dass der hoheitliche Schutz erreichbar und das Abwarten mit keinem Risiken für den Angegriffenen verbunden ist.[233] *Engländer* sieht als Begründung der Nachrangigkeit privater Nothilfe gegenüber staatlicher Gefahrenabwehr, dass jeder Mensch ein Interesse daran hat, nicht Opfer einer fehlgeschlagenen Verteidigungshandlung zu werden bzw auch immer das Risiko gegeben ist, dass die Verteidigungshandlung rechtlich als unangemessen zu qualifizieren ist. Die Verteidigungshandlung soll daher trainierten und in Nahkampf ausgebildeten Personen überlassen werden. Diese Nachrangigkeit muss jedenfalls gegeben sein, wenn die private Verteidigungshandlung gleich eingriffsstark ist, wie die Staatliche. Ist hingegen der Nothelfer dem Polizisten körperlich überlegen und müsste daher der Polizist zB seinen Schlagstock oder seinen Pfefferspray zum Einsatz bringen, um den Angriff abzuwehren, kommt es zu einer Sperrwirkung der staatlichen Gefahrenabwehr, weil dann wieder auf das mildeste Mittel zurückgegriffen werden müsste.[234]

---

[231] *Schmidhäuser*, Die Begründung der Notwehr, GA 1991, 125.

[232] *Haas*, Nothilfe[2] 305f.

[233] *Roxin*, AT I[4] § 15 G Rz 50; *Haas*, Nothilfe[2] 304.

[234] *Engländer*, Nothilfe 163ff.

3.3.2. Die Reichweite der Abwehrbefugnisse

Es stellt sich die Frage, ob die staatlichen Abwehrmaßnahmen bei Vorliegen einer Nothilfelage aufgrund des Verhältnismäßigkeitsgrundsatzes in der Reichweite ihrer Abwehrbefugnisse im Gegensatz zu Privatpersonen eingeschränkt sind. Einem Teil der Lehre zur Folge gibt es keine Unterschiede zwischen hoheitlicher und privater Gewaltanwendung. Die Polizei ist daher wie der Private an den Verhältnismäßigkeitsgrundsatz gebunden, da das Notwehr- bzw Nothilferecht für Private auch am Maßstab der Grundrechte (aus dem sich der Verhältnismäßigkeitsgrundsatz ableitet) zu messen ist. Es liegt nämlich in beiden Fällen staatliches Handeln vor, da der Staat sich durch seine normative Erlaubnis mittelbar beteiligt.[235] AA: sieht in § 3 StGB auch eine Befugnisnorm für hoheitliches Handeln.[236] Dadurch soll nicht nur dem Angegriffenen und dem privaten Nothelfer, sondern auch den Gefahrenabwehrorganen die Möglichkeit gegeben werden, die Rechte des Angegriffenen zu wahren. Zust argumentiert kann dies mit dem Wortlaut des § 3 StGB werden. Demnach ist das Notwehr- bzw Nothilferecht ein Jedermanns-Recht und enthält keinen Ausschluss hoheitlichen Handelns. Folglich wird vorgebracht, dass es nicht verständlich ist, wenn man den staatlichen Organen weniger erlaubt, als dem privaten Bürger.[237]

Haas hingegen differenziert zwischen der Reichweite der Verteidigungsrechte Privater und staatlicher Organe. Wenn ein Schusswaffengebrauch eines Polizisten nach Polizeirecht nicht rechtmäßig ist, ist er auch bei Vorliegen der Voraussetzungen des § 3 StGB rechtswidrig.[238] Begründet wird dies mit der Überlegenheit der staatlichen Organe. Ihre besondere Ausbildung verlange ein gegenüber dem Handeln Privater gemäßigteres Handeln.[239] *Haas* fundiert seine Ansicht mit dem Ziel der Vermeidung eines Missbrauchs staatlicher Macht: „Hemmung von latent vorhandenen strukturell bedingten Expansionstendenzen des politischen Systems."[240]

---

[235] *Schwabe*, Grenzen des Notwehrrechts, NJW 1974, 673.

[236] *Roxin*, AT I^4 § 15 I Rz 108ff; *Schwabe*, Zur Geltung von Rechtfertigungsgründen des StGB für Hoheitshandeln, NJW 1977 1902f.

[237] *Kühl*, AT § 7 Rz 153.

[238] *Haas*, Nothilfe^2 319.

[239] *Amelung*, Die Rechtfertigung von Polizeivollzugsbeamten, JuS 1986, 332.

[240] *Haas*, Nothilfe^2 274.

Vereinzelt wird die Meinung vertreten, dass der Hoheitsträger als Privatperson von den Notrechten Gebrauch machen kann. Ein Polizist soll demnach in die Rolle des Privaten wechseln können. Demnach ist seine Abwehrmaßnahme rein nach § 3 StGB zu messen. Zur Begründung wird vorgebracht, dass der Gesetzgeber nicht berechtigt ist, dem Polizeibeamten das natürliche Selbstverteidigungsrecht zu nehmen.[241] Als Begründung wird eine Trennung unterschiedlicher Rechtskreise vorgebracht: „Man müsse das strafrechtliche Verhältnis zwischen der Person des Hoheitsträgers als Bürger und dem Angreifer einerseits von den polizeilich geregelten Beziehungen zwischen dem Angreifer und dem Staat sowie dem Staat und dem Hoheitsträger strikt trennen."[242]

3.4. Die Nothilfelage und ihre Unterschiede zur Notwehrsituation

Für die Nothilfelage gelten grundsätzlich die gleichen Voraussetzungen wie für die Notwehrsituation (Kapitel 2.2.1) , da die Nothilfe nur eine Sonderform der Notwehr ist, jedoch mit folgendem Unterschied: Der gegenwärtige, rechtswidrige Angriff muss sich gegen einen anderen richten.[243] Folgende Themen stellen sich zusätzlich bei der Nothilfelage:

3.4.1. Die Staatsnothilfe

Bei Staatsnothilfe geht jemand gegen einen Dritten vor, dessen Rechtsgüter verletzt werden und sich dann im daraus entstehenden Gerichtsverfahren darauf beruft, dass er nur zum Schutz des Staates gehandelt habe, da der Angreifer ein Staatsschutzdelikt (§§ 242 bis 248 StGB) begangen hat. Liegt ein gleichzeitiger Angriff auf staatliche Rechtsgüter wie auch auf individuelle Rechtsgüter vor, wie zB ein Sabotageakt mit Sprengmitteln an Anlagen, in denen sich Menschen aufhalten, ist Nothilfe natürlich zulässig, da aus der beabsichtigten Handlung ein rechtswidriger, gegenwärtiger Angriff auf das nothilfefähige

---

[241] *Kinnen*, Notwehr und Nothilfe als Grundlagen hoheitlicher Gewaltanwendung, MDR 1974, 633; *Götz*, Allgemeines Polizei- und Ordnungsrecht[13] (2001) § 16 Rz 414.

[242] *Erb*, MK I § 32 Rz 170.

[243] *Kienapfel/Höpfel*, AT[13] Z 11 Rz 28f.

Rechtsgut Leben gegeben ist. In solchen Fällen muss nicht einmal auf das Staatsschutzdelikt zurückgegriffen werden.[244]

Problematischer sind jene Fälle, bei denen kein Bürger unmittelbar durch die Handlung gefährdet wird, sondern wenn der Täter lediglich ein Staatsschutzdelikt (§§ 242 bis 248 StGB) verwirklicht. Das Reichsgericht erkannte im Kapp-Putsch-Urteil einst die Staatsnothilfe als zulässig an, wenn die Angeklagten zum Schutz der Verfassung gehandelt hätten.[245] Im Feme-Mord-Urteil ging das Reichsgericht noch weiter und erkannte die Staatsnothilfe an, mit der Begründung, dass „nicht angenommen werden kann, dass der Gesetzgeber des Staates geringeren Schutz gewähren wollte als der Erhaltung sonstiger Rechtsgüter."[246]

Die Literatur nimmt zur Staatshilfe überwiegend eine sehr kritische Stellung. Ein Teil der Lehre begründen die Zulässigkeit der Staatsnothilfe damit, dass ein Angriff auf den Staat immer zugleich mittelbar auch einen Angriff gegen die Bürger des Staates verwirklicht und daher seien die Voraussetzungen der Nothilfe gegeben.[247] Dagegen wird vorgebracht, dass durch einen Angriff gegen den Staat zwar ein gewisses Gefährdungspotential des einzelnen Bürgers wohl gegeben ist, aber diese abstrakte Gefahr das Tatbestandsmerkmal des gegenwärtigen Angriffs keineswegs erfüllt.[248] Gegen die Zulässigkeit der Staatsnothilfe wird vorgebracht, dass durch die Staatsnothilfe ein allgemeines Unrechtsverhinderungsrecht eingeführt würde und somit das staatliche Gewaltmonopol unterlaufen würde.[249]

3.4.2. Die Tierquälerei

Ein Teil der deutschen Lehre sieht bei der Tierquälerei Notwehr als zulässig an. Man geht davon aus, dass hierbei das Mitgefühl des Menschen mit einem leidenden Tier geschützt wird. Demnach handelt ein Mensch in Notwehr, wenn er ein Tier vor einer Misshandlung

---

[244] *Adler,* Nothilfe zugunsten der Umwelt? (1998) 66.

[245] RGSt 21.12.1921, *Kapp-Putsch Urteil.*

[246] RGSt 14.03.1928, *Feme-Mord-Urteil.*

[247] *Kurzweg,* Über ein Notrecht zur Verteidigung der öffentlichen Ordnung, GA 1925, 73f.

[248] *Engländer,* Nothilfe 273.

[249] *Adler,* Nothilfe 76.

bewahrt, weil es sich dann um einen Angriff auf sein eigenes Empfinden handelt.[250] In Österreich sind die notwehrfähigen Rechtsgüter allerdings beschränkt und taxativ in § 3 StGB aufgezählt. Das Empfinden eines Menschen gehört demnach nicht zu den notwehrfähigen Rechtsgütern. Höchstens könnte man das Empfinden des Menschen zum Rechtsgut der Gesundheit zählen, weil unter Gesundheit auch der Schutz der seelischen Gesundheit fällt.

Roxin bejaht hingegen, dass Nothilfe gegenüber einem Tier zulässig sei, da der „andere" gem § 3 StGB kein Mensch zu sein braucht. *Roxin* begründet seine Meinung nicht, argumentiert lediglich mit dem Vergleich, „wenn auch ein Embryo oder eine juristische Person unter einem „anderen" zu verstehen ist, ein Tier ebenfalls dazu gehört."[251]

3.5. Die Nothilfehandlung und ihre Unterschiede zur Notwehrhandlung

Für die Nothilfehandlung gelten grundsätzlich die gleichen Voraussetzungen wie für die Notwehrhandlung: Der Nothelfer ist verpflichtet, sich jener Verteidigungshandlung zu bedienen, die notwendig ist, den Angriff abzuwehren. ZB handelt ein Ehegatte, der auf einen Dritten einschlägt in Nothilfe und daher nicht rechtswidrig, wenn dieser versucht seine Frau zu vergewaltigen.[252] Darüber hinaus darf die Verteidigung auch nur das relativ mildeste Mittel darstellen (siehe 2.2.2.2.). Folgende Problematik stellt sich zusätzlich bei der Nothilfehandlung:

3.5.1. Eingriffsintensität

Wenn der Angegriffene über mildere Verteidigungsmittel als der Nothelfer verfügt, ist Nothilfe nicht zulässig, weil natürlich auch bei der Nothilfe immer das gelindeste Mittel angewendet werden muss.[253] Der Angegriffene ist aber nicht verpflichtet, die Nothilfe anzunehmen, wenn er selbst in der Lage ist den Angriff abzuwehren und nicht intensiver

---

[250] *Schönke/Schröder*, StGB Kommentar[27] § 32 Rz 8.

[251] *Roxin*, AT I[4] § 15 F Rz 34.

[252] OGH 23.04.1969, 5 Os 776/52.

[253] *Kühl*, AT § 7 Rz 139; *Seier*, NJW 1987, 2476.

in die Rechte des Angreifers eingreift.[254] Kommt der Nothelfer dem Angegriffenen aber zuvor, indem er zB mit einem Schlag den Angriff beendet, ist der Angegriffene nicht mehr befugt ebenfalls den Angreifer zu attackieren, da ja der Angriff bereits durch den Nothelfer beendet wurde.[255] Da bei der Nothilfe das Recht des Angegriffenen sich angemessen zu verteidigen lediglich stellvertretend wahrgenommen wird, ist die Verteidigung ein weiteres Mittel zur Angriffsabwehr. Der Angegriffene ist aber verpflichtet sich vom Nothelfer verteidigen zu lassen, wenn dieser den Angriff mit einem gelinderen Mittel zuverlässlich abwenden kann. Dies wird wieder mit dem Grundsatz der Anwendung des gelindesten Mittels begründet.[256] Problematisch ist der genannte Fall lediglich dann, wenn der Nothelfer seine Bereitschaft keineswegs ausdrückt. Ein Teil der Lehre sieht deshalb die Bevorzugung der Nothilfe erst dann gegeben, wenn der Nothelfer seinen Beistand auch tatsächlich anbietet, weil es außerhalb der allgemeinen Lebenserfahrung liegt, dass sich Dritte in einen Konflikt einmischen wollen.[257]

3.6. Einschränkungen der Nothilfe

3.6.1. Die Zulässigkeit von Nothilfeeinschränkungen

Der hL zur Folge, bedarf das Notwehr- bzw Nothilferecht in gewissen Fällen Einschränkungen.[258] Dem Wortlaut des § 3 StGB können jedoch Anhaltspunkte für Restriktionen nur durch das Merkmal der Notwendigkeit entnommen werden.[259] So eine Einschränkung des Notwehr- und Nothilferechts kommt nur dann in Betracht, wenn dies nicht dem Gesetzlichkeitsprinzip des § 1 StGB entgegen spricht. Dieses besagt nämlich, dass eine Strafe wegen einer Tat nur verhängt werden darf, die unter eine ausdrückliche gesetzliche Strafdrohung fällt und schon zur Zeit ihrer Begehung mit Strafe bedroht war. Die Ziele des Gesetzgebers sind hierbei, dass allein der Gesetzgeber entscheidet, welche Handlungen strafbar sind und das jeder Einzelne von vornherein wissen können muss, was strafrechtlich verboten ist und welche Strafe ihm bei Begehung droht. Die hM bejaht die

---

[254] *Engländer*, Nothilfe 292ff.

[255] *Engländer*, Nothilfe 293.

[256] *Kühl*, AT § 7 Rz 139.

[257] *Erb*, MK I § 32 Rz 134.

[258] *Gropp*, AT³ § 6 Rz 81; *Kindhäuser*, AT⁴ § 16 Rz 36; *Engländer*, Nothilfe 295.

[259] *Gropp*, AT³ § 6 Rz 82.

Geltung des Gesetzlichkeitsprinzips auf Rechtfertigungsgründe, weil die Strafbarkeit erst dann gegeben ist, wenn keine rechtfertigenden, schuldausschließenden oder entschuldigenden Umstände gegeben sind.[260]

Roxin zur Folge ist das Gesetzlichkeitsprinzip auf Rechtfertigungsgründe nicht anwendbar, da Rechtfertigungsgründe nicht wie konkrete Tatbestandsbeschreibungen typisierbar sind.[261] Ein Teil des Schrifttums sprechen dem nullum-crimen-Satz in Bezug zur Notwehr bzw Nothilfe eine äußerst wichtige Bedeutung zu, weil es für den Verteidigenden oftmals um alles geht. Kann er sich auf Notwehr bzw Nothilfe berufen, ist er straffrei. Anderenfalls drohen ihm jahrelange Gefängnisstrafen. Daher sehen sie eine Bindung an § 1 StGB für Gesetzgeber und Rechtsprechung für Rechtfertigungsgründe genauso notwendig, wie die Bindung an Straftatbestände.[262]

3.6.2. Die Begründung von Nothilfeeinschränkungen

Hierbei muss zwischen „internen und externen Schranken differenziert werden: Interne Schranken sind aus den Notwehr- bzw Nothilfevorschriften selbst ableitbar. Externe Schranken ergeben sich statt dessen aus gewissen Regeln und Prinzipien."[263] Neben den bereits angeführten Schranken der Notwehr (siehe 3.2.) sind weitere Schranken zu beachten:

3.6.2.1. Interne Nothilfeschranken

Ein Argument zur Legitimation von Notwehr- und Nothilfeeinschränkungen stellt die Missbräuchlichkeit der Rechtsausübung dar. Auch wenn die Voraussetzungen des Notwehr- und Nothilferechts gegeben sind, ist die Grenze der Verteidigungsbefugnis dort zu suchen, wo sie zum Rechtsmissbrauch wird.[264] Eine missbräuchliche Rechtsausübung lässt sich definieren, „als zweckwidriger Gebrauch eines Rechts zur Verfolgung eines

---

[260] *Erb*, ZStW 1996, 271.

[261] *Roxin*, ZStW 1981, 79f.

[262] *Engländer*, Nothilfe 302; *Seeberg*, Nothilfe 163.

[263] *Seeberg*, Nothilfe 170.

[264] BGH, Entscheidungen – Strafrecht: BGH, NJW 1962, 308f.

rechtlich missbilligten Zieles.“[265] Das Argument der missbräuchlichen Rechtsausübung hat besonders in den Fällen der Absichtsprovokation bzw der sonstig vorwerfbaren Provokation Bedeutung (siehe Kapitel 2.3.1.2. „Notwehrprovokation“ mit folgenden Anmerkungen zur Nothilfe):

„Da bei der Nothilfe ein Dreipersonenverhältnis gegeben ist, sind weitere Fallkonstellationen zu beachten: Provoziert der Rechtträger den Angriff absichtlich auf sich selbst, damit dann ein Dritter den Angreifer im Wege der Nothilfe verletzt, muss die Einschränkung für den Nothelfer gleich gegeben sein, wie sie im Falle der Notwehrprovokation für den Provokateur gegeben ist, da der Nothelfer die Rechte des Angegriffenen ja nur stellvertretend ausübt.“[266]

Wenn nun ein Dritter den Angriff absichtlich provoziert, damit der Rechtsträger den Angreifer im Wege der Notwehr verletzt, steht dem Angegriffenen ein uneingeschränktes Notwehrrecht zu, da dieser ja nichts für das Verhalten des Provokateurs bzw des Provozierten kann. Stiftet hingegen der Rechtsträger den Provokateur an, gilt wiederum eine eingeschränkte Verteidigungsbefugnis.

In jenem Fall, in dem der Provokateur den Angriff auf den Rechtsträger absichtlich provoziert, damit ein Dritter den Angreifer unter Berufung auf Nothilfe verletzt, ist hier wiederum nur entscheidend, ob der Rechtsträger die Provokation selbst veranlasst hat. Wenn dies nicht gegeben ist, ist Notwehr bzw Nothilfe uneingeschränkt zulässig. [267]

Provoziert der Dritte den Angriff auf den Rechtsträger absichtlich, damit er dann selbst als Nothelfer den Angreifer verletzten kann, bleibt der Provokateur, sofern kein entgegenstellender Wille vom Angegriffenen vorliegt zur Nothilfe uneingeschränkt möglich, weil es für den Rechtsträger nur um den Schutz seiner Rechtsgüter geht und nicht um eine Schädigung des Angreifers.[268]

---

[265] *Engländer*, Nothilfe 317.

[266] *Engländer*, Nothilfe 326.

[267] *Engländer*, Nothilfe 327.

[268] *Engländer*, Nothilfe 227f.

3.6.2.2. Externe Nothilfeschranken

3.6.2.2.1. Die Menschenwürdegarantie in Bezug auf die Zulässigkeit der Aussageerzwingung

Strittig ist in der deutschen Lehre die Frage, ob eine Aussageerzwingung mittels Gewalt oder Androhung mit Gewalt zugunsten der Rettung eines Menschen gegen die Menschenwürdegarantie gem Art 1 Abs 1 GG widerspricht oder ob hier eine Einschränkung der Nothilfe anzunehmen ist.[269] Aus österreichischer Sicht kann man Artikel 3 EMRK (Verbot der Folter) oder eventuell Art 7 B-VG diesbezüglich heranziehen, da es einen entsprechenden Artikel zum Schutz der Menschenwürde in Österreich nicht gibt.

Kretschmer ist der Ansicht, dass die Voraussetzungen der Nothilfe nicht gegeben sind und sich daher das Problem einer sozialethnischen Einschränkung des Nothilferechts gar nicht stelle. Er bestreitet das Vorliegen eines gegenwärtigen Angriffs, da der Angriff auf das Opfer (zB durch Einsperren) beendet ist und bloßes Verschweigen keinen Angriff darstellt.[270] *Engländer* argumentiert dagegen, dass Notwehr bzw Nothilfe ja ermöglichen sollen, dass eine drohende Verletzung nicht zur Vollendung kommen soll und daher eine Verteidigung bis zum endgültigen Schadenseintritt möglich sein muss. Oft stellt eine Aussageerzwingung auch das einzige Mittel dar, dem Opfer zu helfen, daher handelt es sich automatisch um das relativ mildeste, dh die Voraussetzung der Notwendigkeit ist ebenfalls gegeben.[271]

Die meisten Gegner einer Unzulässigkeit der Aussageerzwingung sehen den Grund für die Ablehnung auch darin, dass ein Verstoß gegen die Menschenwürde vorliegt. Sie argumentieren damit, dass die Menschenwürdegarantie das höchste Prinzip der Verfassung darstellt und unantastbar ist. Art 1 Abs 1 S 2 GG betont ausdrücklich, dass die Menschenwürde zu achten und zu schützen ist und dass dies unter die Verpflichtung aller staatlicher Gewalt fällt.[272] Andere bestreiten dies damit, dass hierbei auch die Würde des

---

[269] *Gropp*, AT[3] § 6 Rz 87a; *Jeßberger,* Wenn du nicht redest, füge ich dir große Schmerzen zu, Jura 2003, 713f; *Ellbogen*, Zur Unzulässigkeit von Folter (auch) im präventiven Bereich, Jura 2005, 341.

[270] *Kretschmer*, Folter in Deutschland: Rückkehr einer Ungeheuerlichkeit? RuP 2003, 112.

[271] *Engländer,* Nothilfe 334.

[272] *Jeßberger*, Jura 2003, 713f; *Salinger*, ZStW 2004, 46.

Opfers einbezogen werden muss, die ebenfalls zu schützen ist und das daher diese Rettungsfolter zulässig sei, da die Würde des Angreifers mit der Würde des Opfers kompensiert wird.[273] Ferner wird bezweifelt, dass die Würde des Angreifers tatsächlich angegriffen wird, da dieser ja selbst seine Würde bewahren kann, in dem er die notwendigen Informationen preisgibt, wozu er auch gesetzlich verpflichtet ist, weil er ja dadurch den Schadenseintritt beim Angegriffenen verhindern kann.[274] Für *Engländer* ist daher eine Einschränkung der Nothilfebefugnis in den Fällen der Aussageerzwingung zu verneinen, wenn jene das erforderliche Mittel zur Abwehr eines gegenwärtigen rechtswidrigen Angriffs darstellt.

3.6.2.2.2. Die grundrechtlichen Schutzansprüche des Angreifers

Bernsman möchte aus den Grundrechten des Angreifers bereits gewisse Nothilfeschranken herleiten. So soll eine Tötung im Falle der Nothilfe nur dann gerechtfertigt sein, wenn eine Verletzung der Rechtsgüter Leben oder körperliche Unversehrtheit mit bleibenden Schäden zu befürchten ist. Dies basiert auf der Begründung, dass in ein Grundrecht nur dann eingegriffen werden darf, wenn der Eingriff zur Verfolgung des Zieles geeignet, erforderlich und angemessen ist. Demnach würde in den meisten Fällen ein gelinderes Mittel als die Tötung geeignet sein.[275] *Engländer* sieht darin aber noch keinen Grund, die Nothilfe deshalb zu beschränken. „Vielmehr würde es ausreichen, wenn der Angreifer von seinem Angriff zurück tritt und so die Ursache für die Rechtsgüterkollision entfallen lässt."[276]

3.6.2.2.3. Enge persönliche Beziehungen

Besteht zwischen dem Angreifer und dem Angegriffenen eine enge persönliche Beziehung, schränkt die hM die Notwehr ein. Dies soll sogar bis zu einer Duldungspflicht hin zu leichten Körperverletzungen gehen.[277] Erklärt wird dies damit, „dass in engen persönlichen Beziehungen, insb in familiären Auseinandersetzungen ein Interesse besteht, diese ohne

---

[273] *Götz*, Das Daschner-Urteil, NJW 2005, 954.

[274] *Trapp*, Folter oder selbstverschuldete Rettungsbefragung? (2006) 121ff.

[275] *Bernsman*, Tödliche Notwehr, ZStW 1992, 326.

[276] *Engländer*, Nothilfe 352.

[277] *Kühl*, AT § 7 Rz 204.

Recht zu bewältigen."[278] *Engländer* bestreitet, dass enge persönliche Beziehungen rechtsfreie Räume sind, wie der Bestand des Familienrechts ja beweist.[279]

Einige Autoren begründen die Notwehreinschränkung damit, dass von der Gesellschaft ein Interesse am Fortbestehen an Ehe und Familie bestehen soll. Dieses Interesse kann aber wohl nicht auf alle Menschen verallgemeinert werden. Ferner wird ein verständnisvolles Eingehen und Rücksichtnehmen gefordert, da ein Angriff im Familienkreis nicht mit einem Angriff eines Außenstehenden gleichgesetzt werden könne.[280] *Engländer* sieht keinen Grund einem rechtswidrigen Angriff, der eine Rechtsgüterverletzung zur Folge haben könnte, „mit einer Solidarpflicht entgegen kommen zu müssen."[281]

Liegt nun eine enge persönliche Beziehung zwischen Angreifer und Nothelfer vor, geht ein Teil der Lehre von einer Rücksichtnahmepflicht des Nothelfers aus. Für *Roxin* könne keine Beziehung ohne Nachsicht bei einmaligen Ausrutschern funktionieren.[282] *Engländer* krititsch dagegen, „dass eine zwischenmenschliche Beziehung kein Nachsicht verdienendes Verhältnis darstellt."[283] Auch das genannte Fortbestandsargument bietet keine Grundlage für Restriktionen, da es die freie Entscheidung des Nothelfers sein muss, die persönliche Beziehung mit dem Schutz des Partners abzuwägen. Aus der persönlichen Beziehung zwischen Angreifer und Nothelfer wird die Meinung vertreten, dass eine Verpflichtung des Nothelfers gegen die nahestehende Person vorzugehen, nicht zumutbar ist. Möchte der Nothelfer den rechtswidrigen Angriff aber von sich aus abwehren, gibt es keinen Grund, dies dem Nothelfer zu untersagen.

---

[278] *Pitsounis,* Die Notwehr als Gegenstand der Rechtsvergleichung (1990) 256.

[279] *Engländer,* Nothilfe 360.

[280] BGH, Entscheidungen – Strafrecht: BGH, NJW 1975, 62f.

[281] *Engländer,* Nothilfe 362.

[282] *Roxin,* AT I⁴ § 14 H Rz 99.

[283] *Engländer,* Nothilfe 363.

Zusammenfassung

Notwehr und Nothilfe dienen dem Schutz der subjektiven Rechte des Angegriffenen und nicht der Bewahrung der Rechtsordnung, weil es im Interesse eines jeden liegt, dass seine subjektiven Rechte für den Fall ihrer Missachtung geschützt werden. Da die Nothilfe nur stellvertretend wahrgenommen wird, darf sie dem Angegriffenen grundsätzlich nicht gegen seinen Willen aufgedrängt werden. Der Ablehnungswille muss aber für den Nothelfer erkennbar sein. Kann der Nothelfer den Angriff mit milderen Mitteln als der Angegriffene abwehren, schließt das grundsätzlich die Nothilfe nicht aus, der Nothelfer darf sich aber nur maximal jenes Mittels bedienen, das zur sofortigen und sicheren Beendigung des Angriffs führt. Der Angegriffene ist nicht verpflichtet sich des Dritten zu bedienen. Er darf nur keine Maßnahme ergreifen, die eingriffsintensiver ist als die des Nothelfers. Die Nothilfe seitens eines Privaten ist gegenüber der staatlichen Gefahrenabwehr subsidiär. Keine Subsidiarität ist gegeben, wenn der Hoheitsträger zwar anwesend, aber nicht handlungsbefugt oder handlungswillig ist oder die staatliche Abwehrmaßnahme ein höheres Fehlschlagrisiko aufweist. § 3 StGB stellt keine Befugnisnorm für staatliche Eingriffe dar. Das Handeln der staatlichen Organe muss durch staatliches Gefahrenabwehrrecht gedeckt sein. Ein Handeln kann immer nur einheitlich erlaubt oder verboten sein. Sind allerdings die Voraussetzungen des § 3 StGB gegeben, entfällt das Strafunrecht und schließt damit die Strafbarkeit des Hoheitsträgers aus. Der Gedanke der missbräuchlichen Rechtsausübung führt bei einer Absichtsprovokation, wie auch bei der sonst vorwerfbaren Provokation durch den Angegriffenen dazu, dass der Angegriffene erst dann zu einer Gegenwehr greifen darf, wenn ein Ausweichen nicht möglich ist. Keine Notwehr und Nothilfeschranken bestehen hingegen bei engen persönlichen Beziehungen zwischen Angreifer und Angegriffenen oder zwischen Angreifer und Nothelfer. Aus Art 2 EMRK (Recht auf Leben) wie aus den grundrechtlichen Schutzansprüchen des Angreifers, sowie aus der Menschenwürdegarantie für die Fälle einer Aussageerzwingung lassen sich keine Einschränkung der Verteidigungsbefugnis ableiten.[284]

---

[284] *Engländer,* Nothilfe 373ff.

Literaturverzeichnis

Adler   Nothilfe zugunsten der Umwelt? Stuttgart 1998

Amelung   Die Rechtfertigung von Polizeivollzugsbeamten, JuS 1986, 332

Bachmann/Baumgartner/   Besonderes Verwaltungsrecht, 7. Auflage, Wien 2008
Feik/Giese/Jahnel/
Lienbacher

Bertel   Notwehr gegen verschuldete Angriffe, ZStW 1972, Band 84, 11

Bertel/Venier   Das neue Strafprozessrecht, 4. Auflage, Wien 2010

Bernsman   Tödliche Notwehr, ZStW 1992, Band 104, 326

Bockelmann/Volk   Strafrecht Allgemeiner Teil, 4. Auflage, München 1987

Courakis   Zur sozialethischen Begründung der Notwehr: die sozialethnischen Schranken des Notwehrrechts nach deutschem und griechischem Strafrecht, Baden-Baden 1978

Ellbogen   Zur Unzulässigkeit von Folter (auch) im präventiven Bereich, Jura 2005, 341

Engländer   Grund und Grenzen der Nothilfe, Mainz 2008

Erb   Art 103 Abs. 2 GG bei Rechtfertigungsgründen, ZStW 1996, Band 108, 271

Erb   Münchner Kommentar zum Strafgesetzbuch Band 1 §§ 1-51, München 2003

Forst   Das Recht auf Rechtfertigung, Frankfurt am Main 2007

Fuchs	Österreichisches Strafrecht Allgemeiner Teil Band I, 7.Auflage, Wien 2008
Fuchs	Grundfragen der Notwehr, Wien 1986
Fuchs/Ratz	Wiener Kommentar – StPO, Wien 2008
Gropp	Strafrecht Allgemeiner Teil, 3. Auflage, Gießen 2005
Götz	Allgemeines Polizei- und Ordnungsrecht, 13. Auflage, Göttingen 2001
Götz	Das Daschner-Urteil, NJW 2005, 954
Haas	Notwehr und Nothilfe, 2. Auflage, Regensburg 1977
Himmelreich	Nothilfe und Notwehr: insbesondere zur sog. Interessenabwägung, MDR 1967, 366
Höpfel/Ratz	StGB – Wiener Kommentar, 2. Auflage, 42 Lieferung, Wien 2003
Jeßberger	Wenn du nicht redest, füge ich dir große Schmerzen zu, Jura 2003, 213f
Kahl/Weber	Allgemeines Verwaltungsrecht, 2. Auflage, Wien 2008
Kienapfel/Höpfel	Strafrecht Allgemeiner Teil, 13. Auflage, Wien 2009
Kienapfel	Der rechtfertigende Notstand, ÖJZ 1975, 422f
Kienapfel/Schroll	Studienbuch Strafrecht Besonderer Teil I Delikte gegen Personenwerte, 5. Auflage, Wien 2003

Kindhäuser	Strafrecht Allgemeiner Teil, 4. Auflage, Bonn 2009
Kinnen	Notwehr und Nothilfe als Grundlagen hoheitlicher Gewaltanwendung, MDR 1974, 633
Koziol/Welser	Bürgerliches Recht 13. Auflage, Wien 2006
Kratzsch	Verfassungsbeschwerde gegen fehlerhafte Anwendung des § 53 StGB? NJW 1974, 1546f
Kretschmer	Folter in Deutschland: Rückkehr einer Ungeheuerlichkeit? RuP 2003, 112
Krey	Deutsches Strafrecht Allgemeiner Teil - 1. Band, 3. Auflage, Stuttgart 2008
Kurzweg	Über ein Notrecht zur Verteidigung der öffentlichen Ordnung, GA 1925, 73f
Kühl	Strafrecht Allgemeiner Teil, München 1994
Leukauf/Steininger	Kommentar zum StGB, 3. Auflage, Eisenstadt 1992
Lenckner	Schönke/Schröder Strafgesetzbuch Kommentar, 27. Auflage, München 2006
Montenbruck	Thesen zur Notwehr, Berlin 1983
Pitsounis	Die Notwehr als Gegenstand der Rechtsvergleichung, Frankfurt am Main 1990
Radbruch	Grundzüge der Rechtsphilosophie, 3. Auflage, Leipzig 1932
Renzikowski	Notstand und Notwehr, Berlin 1994

Rittler/Nowakowski	Gesammelte Aufsätze zum 85. Geburtstag von Dr.Dr.h.c Kadecka, Innsbruck 1959
Roxin	Strafrecht Allgemeiner Teil Grundlagen – Der Aufbau der Verbrechenslehre Band 1, 4. Auflage, München 2006
Roxin	„Sozialethische Einschränkungen" des Notwehrrechts, ZStW 1981, Band 93, 79f
Rönnau	Voraussetzungen und Grenzen der Einwilligung im Strafrecht, Jura 2002, 666
Salinger	Absolutes im Strafprozess, ZStW 2004, Band 116, 46
Schenke	Polizei- und Ordnungsrecht, 6. Auflage, Heidelberg 2009
Schmidhäuser	Über die Wertstruktur der Notwehr, in Festschrift für Richard M. Honig, Göttingen 1970
Schmidhäuser	Die Begründung der Notwehr, GA 1991, 125
Schönke/Schröder	Strafgesetzbuch Kommentar, 27. Auflage, München 2006
Schwabe	Grenzen des Notwehrrechts, NJW 1974, 673
Schwabe	Zur Geltung von Rechtfertigungsgründen des StGB für Hoheitshandeln, NJW 1977, 1902f
Seeberg	Aufgedrängte Nothilfe, Notwehr und Notwehrexzess, Frankfurt am Main 2005
Seiler	Strafrecht – Allgemeiner Teil I, Wien 2007

Seier	Umfang und Grenzen der Nothilfe im Strafrecht, NJW 1987, 2480ff
Steininger	Die Notwehr in der neueren Rechtsprechung des OGH, ÖJZ 1980, 230
Steininger	Der Putativnotwehrexzess, ÖJZ 1977, 747
Suppert	Studien zur Notwehr und „notwehrähnlichen Lage", Bonn 1973
Thiel	Die Konkurrenz von Rechtfertigungsgründen, Göttingen 1999
Trapp	Folter oder selbstverschuldete Rettungsbefragung? Paderborn 2006
Triffterer	Österreichisches Strafrecht, 2. Auflage, Salzburg 1993
Triffterer	Salzburger Kommentar zum Strafgesetzbuch, 21. Lieferung, Band 2, Wien 2009
Triffterer/Rosbaud/ Hinterhofer	Salzburger Kommentar zum Strafgesetzbuch, 21. Lieferung, Band 1, Wien 2009
Wessels/Beukle	Strafrecht Allgemeiner Teil Die Straftat und ihr Aufbau, 37. Auflage, Heidelberg 2007

Der Autor

Mag. iur. Matthias Siekiera, MBA, wurde 1984 in Darmstadt geboren. Sein Studium der Rechtswissenschaften an der Karl-Franzens-Universität Graz schloss der Autor im Jahre 2010 mit dem akademischen Grad Magister erfolgreich ab.